JN417613

소나기가 두들긴 달빛

리토피아포에지 · 39
소나기가 두들긴 달빛

인쇄 2015. 11. 15 발행 2015. 11. 20
지은이 지평선시동인 펴낸이 정기옥
펴낸곳 리토피아
출판등록 2006. 6. 15. 제2006-12호
주소 402-814 인천 남구 경인로 77(숭의3동 120-1)
전화 032-883-5356 전송032-891-5356
홈페이지 www.litopia21.com 전자우편 litopia@hanmail.net

ISBN-978-89-6412-057-6 03810

값 9,000원

이 도서의 국립중앙도서관 출판예정도서목록(CIP)은 서지정보유통지원시스템 홈페이지(http://seoji.nl.go.kr)와 국가자료공동목록시스템(http://www.nl.go.kr/kolisnet)에서 이용하실 수 있습니다.(CIP제어번호: CIP2015030402)

지평선시동인/2015

소나기가 두들긴 달빛

리토피아
LITERATURE & UTOPIA

序

점은 이어져 선이 되고,
들은 펼쳐지며 지평이 된다.

지평에 잠긴 들에는,
숱한 생명들이 출렁인다.

그 들의,
그 생명들의,
노래가 시이다.

그 들에서 벌거숭이로 자란
아홉 시인들이
자선 아홉 편 노래들을 함께 묶는다.

2015년 가을
지평선시동인 일동

차례

서규정

신정민

안성덕

이인순

장경기

장종권

조재형

김유석

전북 김제 출생.
1989년 〈전북일보〉 신춘문예 시 당선.
1990년 〈서울신문〉 신춘문예 시 당선.
2013년 〈조선일보〉 신춘문예 동시 당선.
시집 『상처에 대하여』, 『놀이의 방식』.
김제 거주.

미필적 감정

하루살이 좇아 방안으로 뛰어든 청개구리 창 열고 내보낸다. 청개구리 우화는 애처롭고

얼핏 창틀에 서성대는 쥐며느리 한 마리 꾹 눌러 죽인다. 쥐며느린 징그럽다.

애처로움 속에서 불쑥 튀쳐나오는 징그러운 살의殺意

학습되었거나 스스로 왜곡되거나, 한순간 저질러지는 일들의 무심함

사소한 것들까지 괴로워해야 할 만큼 섬세하지도 난감하지도 않은 삶의 한가운데

불끈 쥔 주먹을 슬그머니 풀게 하는 그것은 연민일까 징그러움일까

밤하늘 조등弔燈 밝힌 풀벌레 울음, 잠시 서럽다.

악력握力

전지剪枝를 하다가 본다. 제 몸통을 말아 쥔 포도나무 넝쿨손들

뜨거운 생의 한 순간을 거머쥔 채 식은 망자亡者의 손아귀 같다.

몇 번이나 허공을 젓다가 간신히 붙잡은 것

제 몸인 줄 모르고 소용돌이처럼 휘감았을 더듬이들 좀처럼 펴지질 않는다.

밑동까지 뒤틀리게 한 이 힘이 공중에 포도송이들을 매달았을 터,

태양이 다 식도록 익지 않는 시디신 몇 알이 온 몸을 쥐어짠 증거

마디를 자르던 손을 슬며시 펴 본다. 세상에 올 때

〉

꼬옥 말아 쥐고 울음을 터뜨리던 그 아이의 조막손

악력을 잃은 손금들 여전히 허공으로 뻗혀 있다.

청연青然

잎사귀인 듯 창에 설렁거렸다 아 참, 열어두었던가

방충망 모눈에 소나기가 두들긴 달빛이 튕겨 있었는데

길게 끌리는 낙수방울 소리 끝에 붙어

살근살근 방충망을 타는 것들이 있었는데

창가 등나무 이파리는 죄다 달빛이 들렸으므로

휘우듬한 저 무늬들은 목젖이 부은 청개구리였는데

울음으로 지울 수 없는 적막이 있어

울걱울걱 울음을 삼키다 달빛에 미끌리는 발가락도 있었는데

소나기가 두드린 말랑한 달이

방충망 모눈 안으로 살아있는 무늬들을 뜨고 있었는데

십일월

새들이 왔다.

막 동남아순회공연을 마치고 돌아온 가수의
쉰 목처럼
아이들을 불러들이며 저무는 어미의 목소리처럼

작년에 흘렸던 울음통 다시 지고
한쪽 어깨가 느슨해질 때마다
한 방울씩 떨어뜨려 간격을 조이며

공중에 긋는 한 줄의 밑줄…… 기러기 떼가 왔다.

나는 돌아오지 못한다, 떠난 적이 없으므로

무리 지을 줄 모르므로
저 밑줄 위에 울음을 적지 못하고
그 줄 끌어내려 저무는 이 들판
봉하는데 쓸 뿐

한 철 머물다 뜨질 못한다.

잘 익은 풍경

소낙비 몇 알 후두두 떨어진다

누가 공중에서 검정콩을 터나보다

분화구 생겼다, 누이가 쓸어놓은 몽실한 마당

빠지셨는지 노시는지 엄살을 떠시는지

개미 한 마리가 한 방울의 둘레에 둘레를 돌리고 있다

그림자 한 잎 넣어주려고 땡볕 붉게 달이는 봉숭아

올려다보니, 꼬투마리가 마악 터지려 한다

세한歲寒

밤 깊도록 서랍 여닫는 소리가 들렸다.
묵은 편지다발 꺼내 펼치고
다락방 생쥐
생고구마를 갉는 소리를 내고 있었다.

버리고 싶은 것들을 털며
밤도둑이 들러 가고 있었다.

구석을 돌아다니다 돌아와
늦은 자리를 펴는 잠 속
숨겨둔 애인의 발씨처럼 눈은 쌓이고

늙은 감나무를
밤새 어디로 데려갔다 오는지
들판까지 마당이 나가있는 아침

두더지처럼 눈밭을 기는 것이 있다.
잡아먹으면 약이 될 듯도 싶은
세월이라는 저 짐승

울음 화석

눈을 뜨고 죽은 어미 곁에 쭈그린 배고픈 나라의 앙상한
아이처럼

저잣거리 오체투지로 입적했다 하는 어느 고승의 유해처럼

여름이 드난살던 방구석에서 쓸려나온 청개구리 한 마리

하루살이 따라 끌려들었나

들판에 창을 달고 바깥울음 내통하던 내 설은 귀로 흘러들
었나

울음으로 다가 와 울음으로 멀어지는 것들

뜨겁다 쓰고, 서늘하다 고쳤다가 다시 뜨겁다 적는 나를

속없는 구업口業 삼켜가며 지켜보았을 동안

〉

몸의 푸름 다 밭아버린 딱딱한 청개구리,

그렇게 동화同化해 가는 밖을 향해 귀를 막고 울 때가 있다.

3초

낚이기보다 물어 준다.
조금은 엄살스럽게 파닥거리고
툭 튕기고 달아나다
금방 돌아서 다시 미늘에 꿰이는 건 물고기의 몫

3초면 충분하다.

물고기의 기억은 그뿐이란 속설,
그 찰나마저 지워버리려고
빈 낚시를 물고 끌리거나
공연히 수면을 박차기도 하는 물고기들은

같은 곳, 같은 상처를 여러 번 입으면서
오랫동안 기억을 버려왔다.

3초 만에
다시 바늘을 무는 그 물고기를 두고
놓친 고기가 더 크다는 말은 말짱 허사虛辭,

〉

미련인지 홀리는 것인지
밑밥 한 알 달아두고
물속 같은 세상 들여다보며
기억을 부풀리는 조사釣師들은 알 리 없다.

흐르는 물에 살기
3초도 버겁다.

웃는 염소

뿔을 맞대고 힘겨루기 하는 줄 알지만

누가 먼저 웃나 내기를 하는 거다

뿔에 힘을 주고 웃음을 참고 있는 거다

먼저 웃는 염소가 지는 거다

진 염소의 수염이 더 길고 멋있다.

배귀선

부안 출생.
2011년 〈전북도민일보〉 신춘문예 수필 부문 당선.
2013년 ≪문학의 오늘≫로 시 부문 등단.
부안 거주.

고수

침묵이 시작된다 어둠을 오려놓은 케미라이트 둥근 빛만큼 모아지는 양미간. 운명이라 기댈 우연에 가슴 걸고픈 나의 생이나 콩알떡밥 먹겠다는 너의 무모함이나 매한가지. 기억만으로 모으는 집어는 헛방이다 그러나 나에게는 아직 엉키지 않은 줄이 있고 낭창한 낚싯대가 있다 확신은 밑밥에서 오는 것, 팽팽했던 강물이 헛챔질에 낚싯줄처럼 느슨해진다 미늘에 꿰어 어른거리는 어둠을 따내고 어쩌면 조작되었을지도 모를 기억의 미끼를 던진다 너를 느끼면 절대 놓치지 않겠다는 듯 결연하게 휜 미늘이 배고픈 혀처럼 물속을 휘젓는다 단 한 번의 찰나를 시선에 모으는 순간, 살아온 날들을 미련 없이 털어내는 몸짓을 나는 손맛이라 하였는데. 네 상처는 사실 네가 나를 느끼는 손맛일 수도 있겠다는

기다린다는 것은 내가 미늘에 꿰어 있다는 말이다

33.9*

갯벌을 끌던 그랭이
헛청 벼랑박에 늙어간다

이물 그물 잘려나간
소광기 사람들의 바다

남포소리 흔적 위로
오색 천 풀어헤친 장승들 그림자 길어진다

그리워해도 될 것이 갱번 뿐은 아닌 듯

녹슨 갈쿠리 새로
썰물 지듯 빠져나간 고향에
어쩌다 간간한 바람이라도 찾아들면
곰지락곰지락 뒤채는
바지락 태엽 감기는 소리

길들여진 기억이란 얼마나 허망한 것이냐

바닷새 한 마리 쉬어가지 않는
신목 위 솟대새
스러진 생들 호명하며
진혼굿 밤새 길어진다.

* 방조제.

쐐주병

찹쌀떡 장수가 찾아들 것 같은 눈 내리는 겨울밤과
이웃집 낡은 함석지붕 두드리는 소나기소리 생생히 들리는 한여름
놀던 아이들 불러들이는 소리로 저녁이 오는
늘 밥 냄새 같은 게 배어있는 그곳

막다른 듯싶다가 꺾어지고
돌다보면 다시 그 자리, 그러나
천천히 담벼락 낙서를 따라가면
세상 어디로도 통할 것 같은
어디쯤

외상 달아주는 영희네 허름한 점방이 있고
일감을 잡지 못해 공치던 날
소주로 허기를 깁던 인력시장 시절의 삽화가
드르륵 들창에 끼어있는 거기

먼저 떠난 건 굴뚝새다

사람의 집에 세 든 것들 하나 둘 자취를 감추고
인근 아파트 그림자에 눌린 지붕들 점점 무거워지더니
재개발 딱지 붙어
뒤통수 닮은 생들 뿔뿔이 흩어진 이른 봄날

인정사정없는 굴삭기 군단에
삭은 실밥처럼 골목이 뜯기고 터만 남는 사람의 잔해
어디에 박혀 있었는지
빈 쐐주병 하나 굴러 나와 바퀴에 깔리고 있다

이무기

동네 방죽 근처 외딴집 달용이 형
어둔 눈 어머니 몰래 꺼낸 달걀 들고
어린 날 침으로 반질거리는 점방을 잘도 드나들었다
헛기침이 닿지 않는 은밀한 곳, 더 밝게 빛나던
금관 한 개비
박하향 뭉게구름 뿜던 그 콧구멍으로
걸핏하면 십 원짜리 동전도 들락 거렸다
비장하기 까지 한 기술에 동네 조무래기들은
충성을 맹세하지 않을 수 없었다

때를 기다리며 짧은 목 꺾어대던 달용이 형
때가 되기도 전 말라 버린 방죽 떠나
어느 궁창을 헤매다
득도했는지

오토바이 마후라 목탁처럼 떽 두 두두
장삼자락 사이로 닭터럭 날리며
용트림 한다

방죽 자리에 울긋불긋 누각 하나 앉히고
자비로운 녹음기 성실하다
달용이 형, 어려운 불교는 언지 배웠다요?
뭐 고것이 어렵것냐, 전기만 통하믄 되는 것이제

우리 동네 달용이 형, 용 됐다

장날

염소가 오누이를 끌고 간다
살아온 날들을 헤집어보는 듯
돌아 올 길 표시해 놓는 듯
서너 걸음마다 찍히는 검은 점들
앞 장에서 팔리지 않은 녀석들
닷새 더 길어진 연을 끌고 간다

허연 머리카락 쓸어 올리며
누이는 시들은 너무새 바구니 옆구리에 끼고
갓 떨어진 새끼 덤으로 따르는
어미를 팔아야 밥이 되는 걸음
가파른 언덕 초입에 잠시 줄을 푼다
조곤조곤 식구처럼 살아온 세월이
느티나무 그늘을 비껴 허공에 머문다
옆으로 흘낏 바라보니
오라비의 수염조차 녀석을 닮았다

부모 지은 죄 많아 처녀 총각으로

한 지붕에서 늙는 저리고
이웃의 입방아로 담을 두른 집
말뚝에 묶여 장마당 그림자 늘리는 염소처럼
팔십 평생 서로에게 묶여 살아온 오누이
울타리 그늘로 얼굴을 가리고 내외하듯 산다
언지부터 그러코롬 한 집에 살었데라우
개장수 실실거리는 농에
수탉이 나서서 홰를 친다

종이 십자가

형광등 불빛들이 모여
다 내게로 오라, 환히 반기는 교회당 앞을
수레바퀴가 새벽을 오르고 있다
베드로가 세 번 부정했던 시간,
눈곱 낀 단잠을 비벼대는 예배자들 뒤로
골판지 같은 커튼은 펄럭였다
한 짐 가득 실어야 한 끼 밥이 되는 수레
가시 박힌 생선집 포대 뭉치를 얹고
신문지에는 기침도 한 줌 얹혀 있다
손주 녀석 조막 상에 고깃점이나 낼 수 있었으면
짓무른 그녀의 눈엔 교회가 커다란 폐상자로 비쳐온다
십계명 중 어느 대목을 잘못 삼켰는지
도둑고양이 한 마리 통성 주문처럼 캑캑거리고
죄 많을수록 무게가 더 나가는
종이 십자가를 떼어 싣고
내게로 오는 자, 구원받는다는 그 시간

골고다언덕을 늙은 예수가 끌고 있다

생일

머리 허옇게 쇤 남정네가
미끄덩한 미역국을 왜 끓여야 하는지
내안의 내가 한 번 더 태어나려는 것인지

음력 유월의 한낮, 오지게도 뜨거운 날
나를 풀었던 한 여자의 뭣등을 베고
매미울음이 걸러내는
햇빛의 듬성한 그물코를 헤아려 본다

등허리를 떠받치고 있는 세월이
이제 어디쯤에 와 있기라도 한 것인지
자꾸 눈을 깜박이다가
소나무 뿌리 같은 머리카락 쓸어도 보다가

나이도 나무처럼
땅을 향해 자라고 있다는 거, 설핏
반백의 하루를 훌쩍 넘어갑니다

줄포 약방

한 숨 졸아도 좋을 만큼
나른한 봄볕을 처방받으러 나선다

정겨운 보리밭 이랑 사이로 굴풋하게 익어가는
줄포의 수더분한 들녘 머리
버스 정류장에서 저물도록
누군가를 기다릴 수 있다는 것은
가슴에 삶의 무늬 하나 새기는 일

밤낮없이 열려 있는 밀창문 너머
까스명수 값 정도는 거시기해도 괜찮다고 하는
늙은 약사를 찾는다

바랜 약들이 널려 있는 선반에서
묵은 냄새 털어내고 있는 약방주인은
뜻밖에도 앳된 얼굴로
늙은 약사의 부음을 느리게 탁자에 올려놓는다
그는 들녘에 파스처럼 붙어 있는

디랑이마을을 한 번쯤 돌아보고 갔을까

줄포에 이제 막 터를 내린 젊은 약사의
손에 쥐어진 빗자루에 기억이 쓸린다

다방 앞 리어카에 걸터앉은 노인의 헛기침에
숨죽은 총각무 힘줄 툭툭 불거지고
김칫거리 고르는 새댁의 한숨이 긴 해질녘

그렇게 줄포는 산다
처방전 없이

꽉꽉 꽃게

그물에 걸린 꽃게를 따며 장씨가 중얼거린다
하따, 꽃보다 이쁜 요것이 꽉꽉 물어주기까지 헌다이,
그의 말이 채 끝나기도 전에 마음은
단박에 꽃게잡이 배 얻어 타고
갈매기 하얗게 손 까부는 망망대해로 기양기양 달려간다
봄날 꽃게도 환하게 피어나는 꽃이라서
나도 덩달아 탱탱하게 발기된 벌나비가 되기도 하는데
삭정이 발목 똑똑 꺾어 던지며 물고 늘어지는 성깔을 옴찔옴찔 느끼다 보면
어느새 격포 앞바다 노을처럼 발긋발긋 달아오른다
허퉁한 마음 꽉꽉 물어주는 통에 떠났다가도 뒷맛이 아리아리혀 다시 온당게,
육십 평생 단 한 번 피어보지 못한 홀아비 장씨의 혼잣말에
몇 번이고 몇 번이고 꽉꽉 물려도 좋을 얼얼한 나도 그만 흥건해져서
어느 무인도에 들어앉아
게거품 물고 꽉꽉 알찬 꿈을 냅다 한바탕 슬어도 좋은

서규정

전북 완주 출생, 김제에서 성장.
1991년 〈경향신문〉 신춘문예 당선.
시집 『그러니까 비는, 객지에서 먼저 젖는다』 외.
부산작가회의 활동.
부산 거주.

맨입

빈들에 축 처진 허수아비의 어깨까지가, 우리네 삶의
한 소절이라 하고, 꽃은 피고 새는 울고
빗소리, 바람소리, 물소리, 바위 굴러가던 소리가
두 소절이라면
눈보라는 바닥에 닿을 때까진 같은 방향이라도 몸 섞질
않듯이
하늘과 땅이 마주치는 소리
길과 길이 만나 장을 이루는 소리
우리가 우리를 부르던 소리, 어느 대목에서
노래는 탄생했을까, 음의 높낮이는 달라도 합창이라 하고
제 눈물이 제 발등을 다 태우더라도
나무처럼, 나무들은 주렁주렁 열매를 달고 뿌릴 흔드네
다만, 멀리 가는 가로수들은 열매 맺을 틈이 없어
해와 달을 열매처럼 따 던진다네
그대와 나
별똥별을 아작아작 씹으며 넘을 산, 빈 것들의 빈산이 가
까이 있겠네

세 소절로 어서 가세, 헛헛한 가슴과 맨입이면 너무 충분한

명랑

이슬아 우리 내기 한 번 해볼래, 멀리 그 멀리에서 불어오는 바람 맞듯
어디 미풍의 언덕 풀잎 위에서 만나 누구 몸이 무거운가
너는 찬연한 은빛 몸매 올려놓고
나는 눈물을 올려 구르고 굴러 풀잎들을 한 번 흔들어보자니까
어차피 멸치젓 냄새에 네 몸 절었을 테고
진실과 정의는 애써 외면해야 살아남는
이 사회가 너무 아파서, 비릿하기는 마찬가지라 해도
천공을 뚫고 날아오는 이슬이나
날마다 모공을 뚫고 나온 머리칼 흩날리며 사는 목숨이나
본토 본명은 되도록 쓰지 말고
연지곤지 찍어 바를 틈 없으니 그냥 방울과 방울로
서로 받아온 사명은, 사람은 결국 이슬로 가고
이슬은 맹렬하게 타오르는 것에 바탕을 둔다면
젖고 마름이 곧 한 몸
다시 바람이다, 풀잎 끝에 앉았다 일어섰다 누가 가벼울까
시시한 내기보담, 그저 먼 길 같이 털고 가는 우리를

맨 나중엔, 저 높은 풀씨들을 보아 그렇게 불러줄 것이니, 어허 둥가둥가

김제金堤

언제여, 마른 꿈을 접어 날렸던 종이비행기는 농약 먹은 풀밭에
지금은 어떤 자세로 뒤집혀져 있는지 모르더라도
맑고 찬 하늘 부셔 오히려 눈물 나고, 흰 두루미 앉았다 뜨던
벌판은 벗어나야 비로소 벌판이겠지
모내기 논에서 동네 사람 몇 웃겨 놓더니, 세탁이나 이발
그 좋은 일자리 다 놔두고 배우가 되겠다고
노을에 물든 마을을 떠난 푼수를 기억하나요
미사일 기지촌으로 가는 트럭, 미군 무릎 위에 인형처럼 떠가던
양공주의 익다만 미소와 같이
나라가 약하면 우는 일보다 호호실실 웃어야 할 것이 더 많았던
독재와 개발, 젊은 피를 팔러가던 월남전
지글지글 끓던 라디오와 흑백TV에서 듣고 본
서푼 짜리 익살로는 통하지 않던 격랑의 세월을 건너며
대체 무얼 하며 늙었을까

붇지 마세요
꾸욱 다문 입, 생략된 부분이 더 절창일 것이며
우리 삶은 한 판 꿈이거나, 연극 같지 않던가요
산다는 건 새끼를 꼬듯 제 갈길 꾸불꾸불 꼬아가듯

백학, 한 모금의 물로 가슴을 적시자마자
긴 목과 다리를 일직선으로 비틀어 짜고, 날아가고 날아가던

김제金堤, 눈 속에 남은 물기들을 골고루 골라주던 트럭과 먼지의 나날

적벽赤壁

희망이 있는 자者 기꺼이 첫 손을 든 희생자가 되어야할
이 땅 위에 정신 하나 짓지 못하다
죽어선 남의 무덤에 전세 들까 두려워
보리며 벼, 이름은 이름으로 받들어 이어가며
청파금파 파도치듯 일어서는 만경萬頃벌이여 날 좀 바라 봐
비바람 눈보라 천음天音을 받아 밑거름으로 흩뿌리며
가슴에 품어 키운 알곡을 다 띄워 보낸 빈 옥수숫대처럼
뿌리에 핏물 들어 가야할 저 적벽
한 번 가면 쉽사리는 돌아오지 못할 저 길은
이랑고랑 고른 숨결이 베인 흙냄새를 오장육부에 쓸어
담고
등을 돌리면, 가던 걸음이 오는 모습이 되는 것이냐

아서라, 깊이 파인 등줄기가 애초에 길인 것을

업고 가자 품바
품바 엿장수 가위소리가 싹둑싹둑 잘라낸 지평선이
바닷새로 날 때

불타는 노을 속으로 한없이 빨려드는 이 기쁨,
삼십여 년 객지 풍상보다 더 넓고 깊고 그윽한 오늘 하루다

못, 두들겨라 연못

후드둑후드둑 지나가다 괜히 굵어지는 비
경기장에만 가면 먹구름은 왜 몸부림치듯 몰려다니는지
갑자기 생각나요, 시골구석을 온통 미모로 사로잡다
서울로 대학 가, 가짜 고시생과 살림 차렸다 들켜선
아이는 외국으로 입양시키고
첩첩산중에 들어가 한 발짝도 나오지 않는다는, 해인스님
어두컴컴한 토굴 속에서 오늘도 무얼 용맹정진 하시나요
백년이 흘러도 상처 하나 없이 미끈한 것은, 시간과 바람뿐인 것을
환호작약, 여기를 좀 보세요
이삼 만 운집한 관중 앞에서 투수가 백 개 이상 던진 공보다
하나, 이번에 던질 공 하나가 더 중요하다는데
높이 든 관중들 손목마다가 구장에 꽂힌 너덜너덜한 꽃다발이라면
통 목숨, 발끝에서 머리까지가 온통 목 줄기인 해바라기처럼

비는, 이 세상에 처음 박힌 못이 아닐까요

〉

물에 떨어진 빗방울이 동그랗게 그려가는 파문
못대가리도 활짝 펴지면 저렇게 아름다워요
우리 못처럼 모여 연못에서 같이 살아요, 스님
비는 비린내를 풀풀 풍기고, 연꽃은 뜬구름의 기억을 살살
더듬듯

어느 바다 깊은 골짜기에 대한 논쟁

한낮 꿈에 기림사 우물가에 불두화가 보이고
시간 밖에서 왔다
시간 밖으로 돌아가는 혼령들의 속삭임이 들리는 듯
왁자그르르 고물에선 혀 크기 경연대회가 열렸네

사공들 어깨에 턱하니 걸치고
훈계 몇 마디 섞어 귀뺨을 때리는
선장의 혀는 피곤할 뿐 볼품이 없고

어창에 혀를 곧추 세우고 풍향계처럼 팔 다리 쭉 펴고
공중부양을 하는 갑판장의 그게 좀 큰가 하면

말도 말게, 허리를 두 바퀴나 감고도 남아서 목 한 번 더 두른
살빛 머플러가 화장*의 그것이라네

돌아갈 곳 없는 공간에서 공간인 선탑 뒤창으로
가끔 불두화가 어리는 날엔

〉

말도 말도나 마시게, 저 신참 미나라이* 것은
자갈치 쇠말뚝에다 끝을 묶어두고 동중국해까지 이어온
뱃길이
전부 다 혓바닥이라네

바다에선 그리움도 사랑도 다 길이로 잰다네
모두가 말이 없었네

*화장 : 배에서 밥짓는 선원.
*미나라이 : 견습선원.

신新 공무도하가

여름, 아무 일도 저지르지 않았는데 스리슬쩍 또 여름이 와서
아우라지 강물 속에 송사리는 떼춤을 추고
개구리는 부얼부얼 알을 깐다, 이번 여름 지나 가을까지
비와 빛이 동아줄처럼 엮여, 장마를 이룰지 몰라도
님아 님아
범람한다고 다 사랑이었겠는가
자갈이 훤히 드러나는 바닥이 그리움의 다른 대책이라서
뜨뜻미지근한 이 강물로도 대단히 만족하였다
젊으나 젊은 시절 만병통치 유행병처럼 돌던 민주투쟁의 대열에도
끼지 못했고, 허름한 대폿집에서 헛 나발만 불었다고 해서
시민이 아니랄 까닭은 찾지 못했다
속은 텅텅 비었어도 탐스런 공갈빵이 한참 맛있어 보이듯이
사랑도 정치도 공갈이 아니면 부풀어 오를 데가 있기나 있었을까
님아 님아 아소 님아
이 강물 다 건넜다고 뒷발로 물 걷어차지 마소

겨울이 오면 살짝 언 얼음장 밑에 잔자갈들이

은하수로 흐를지 누가 아나, 바닥과

허공이 딴살림이랄 걱정은 없었다, 털목도리만 같았던 내
사랑아

나비 잡는 법

팔랑팔랑 나는 저 책
세상을 새롭게 열어버릴 듯이 날던 책장이
눈에 어른어른
우리 동네에 처음 들어왔던 앳된 소녀만 같아서
읽기도 어렵고 덮기는 더 싫어, 영
공무원 시험을 볼 때마다 낙방을 하고
떨어지려야 더 떨어질 데가 없는 바닥을 전전하며 살게
해준
그 얇디얇은 날개가
바람이면 바람 속에서 어떻게 흩날리고 있을까
나비야 나비
고맙다, 높이보다 바닥이라는 넓이를 살게 해준 그 공책을
하얀 나비라 부르는,

이 박차 막바지의 생, 내 최고의 직장은 공공근로였다만

다시 나비를 잡으려면 몰래몰래 다가가
집게손가락에 날개 끝이 닿을락말락하면

고개를 돌리고 입을 크게 벌려 하품 한 번 하고
사르르 눈을 감아 버릴 것

간격

비를 퍼다 부어도 징그럽게 퍼붓네
시장구석 커피장수 허기져 잡아당기는 때늦은 국수발처럼
후룩후룩

처마 끝에 노숙자 제 모습이 너무 지겨워
동에 번쩍 서에 번쩍 나타나는 번개라고 얼렁뚱땅 둘러
부치듯이
주룩주룩

버스 정류장도 쉬고, 약국과 병원도 쉬는데
이별도 율동이라면 오늘만큼은 쉬자 해도
텅 빈 자리를 억지로 채우듯이, 억수 같은 비
그중에서도 제일로 가늘고 아득한 가지
눈썹 끝에 대롱대롱 매달리던 사람
멀어서 가깝고, 가까워서 또 먼
서로 기대지 않는 그 거리를 간격이라 하지요
사바 이쪽에선 어지간하면 별명으로 통하는, 온몸이 방울
인 당신

신정민

전북 전주 출생.

2003년 〈부산일보〉 신춘문예 당선.

시집 『꽃들이 딸꾹』, 『뱀이 된 피아노』, 『티벳만행』.

한국작가회의, 부산작가회의 회원.

부산 거주.

헝그리 복서

난 뿌리 하나가
화분 밖으로 뻗고 있어
개미농원에 들고 가
조금 더 큰 화분으로
분갈이를 청했더니
꽃을 보려면 놔두라 한다
비좁아서
살아보겠다 그러는 거라고
뿌리에 신경 쓰면
꽃 피우지 않을 거라고

소실점

담장 위에 번지고 있는 붉은 잉크

잘 쓰던 시를 팽개치고 어느 날 문득 아프리카로 떠난 랭보의 만년필에서 쏟아진 단어들
그가 어떤 무기를 팔았는지 그 누구와도 상관없는 순간들이 피었다

나는 그것을 줄장미라 오해하고
후두둑 느닷없는 빗방울이 떨어지고

태워버릴 나무를 찾아다니는 번개의 눈빛처럼
한 곳에서 만나게 될

우산 없는 나는 뛰기 시작하고
나와의 시선을 맞추기 위해 꽃들은 점점 더 멀어지고

어느 덧이라고 시작된 아침
우두커니 거리 한 복판에 서있는 나무처럼

총구를 갖다 댄 관자놀이

다가서자 멀어지기 시작한

시선이 교차되는 점에서 소멸되는 우리가 담장 난간에 붉게 피어있다

색깔빙고

무지개의 본질은 흑백이므로

회색분자들이여
무지개를 그려보자

그림자가 우리를 속일 수 있게

옷장을 열어보자
새빨간 거짓말 코트를 입어보자
말만 번지르르한 헛소리 흰색으로 칠해보자

알래스카의 무지개는 삼원색으로
아프리카 인디언의 무지개는 스물하나 크레용으로

검은 색은 현상일 뿐
검은 것 아닌 검은색 가까이 다가가 보자

가다 만난 회색으로

흰 것 아닌 흰 색 멀리 도망쳐보자
도망치다 만난 무지개를 그려보자

모든 색을 다 쥐고 있는 태양

바다가 갖지 못한 푸른색으로
빨간색만 빼고 나머지 색을 다 감춰버린 원숭이 엉덩이로
익어버린 망고가 내놓지 않는 노란색으로

싸우는 자들의 본색이 드러나게
흉내 낼 수 없는 흑과 백 사이의 일탈을

이스탄불에서의 마지막 식사

터키석 귀걸이를 흔들며 온다
저녁은 정돈된 테이블에 앉아있는 허기

테라스에 차려진 갓 구운 빵은 타인의 것
메뉴 속 양고기에서 겨드랑이 냄새가 난다던
어느 여행자의 후기에 거품 없는 맥주를 주문한다

해협을 마주보고 있는 4월
블루 모스크의 천장에서 반짝이던 타일이여
목에 두른 스카프의 흐느낌을 기억하는가

화로에 구운 옥수수와 요거트를 남기고
매운 음식을 좋아하던 연인을 생각하는
한 병 다 비웠는데도 취하지 않는 골목같이

서쪽 끝
달빛에 발견된 나라를 위해
주머니 속 야간 버스표를 펼쳐본다

〉

실크로드의 종착역에 피어있을 튤립을 위해

길을 떠나고 있는 다습한 기후를 위해

나의 오감은 안녕하신가

오감의 완성을 위하여 술을 마신다

잔을 부딪치는 건 술에 없는 청각을 위해서

한 잔 술에 들어있는 불씨
종이 한 장 태울 수 있을 정도의 뜨거움에
목 깊은 곳을 데이고

먹구름을 위해
손등에 흐르는 푸른 강
양 떼들을 저녁 쪽으로 모는 목동을 위해
말린 빵조각을 그릇에 넘치도록 담기 위해

한 잔, 다시 한 잔

죽은 짐승을 차지하기 위해
터무니없이 작은 머리를 썩은 고기에 밀어넣고 있는 독수리를 위해서

가장 부드러운 살점을 찢는 밤의 건배

누군가
전등을 갈기 위하여
의자를 밟고 올라설 수 있는가 묻는다면

블랙아웃 직전 목구멍 깊이
마지막 감각을 털어넣는다

적敵

사랑은 도대체
돌아오지 않겠단 말인가

전쟁의 이유를 물을 수 없는 병사들
폭음과 함께 흔적도 없이 사라질 밤을 몬다

목적지까지만 갈 수 있는 연료

무모한 공격으로 애꿎은 희생만 늘었던 칵테일 바 진주만에
목표 없는 목숨들 투하되고 있다
가미가제를 마신다

쉐이커에 담긴 라임빛 혼돈을 부어주는 바텐더
열정은 산화할 만큼 장착되었는가
술집 창밖으로 검은 연기가 치솟는다

태양은 죽어가면서 더 밝아지고
〉

높지 않은 성공률과 화력의 열세로 패진한 싸움법,
사랑은 결국 패전할 것이다

잊혀진 부다페스트의 가을처럼
붉은 조명 아래 반짝이는 거리의 시간처럼
어둠은 우리의 얼굴을 무표정으로 몰아간다

누군가가 되어야 한다는 고통이 노골적으로 취해간다

치명적이거나 유혹적인 꿈으로부터 벗어나기 위한
술잔이 또 다시 채워진다

하루

방아쇠를 당긴다

찰칵,

아침이 무사하다

누구의 관자놀이를 쏘았는가
화연이 입술을 떠나고 있다

차르륵 차르륵 탄창 도는 소리
정적이 감긴다

이 둥근 총구를 따라가면 장전된 구릿빛 총알이 보이리라

장방형 원탁에 홀로 앉은 내게
회전식 6연발 권총을 건네는 월요일

총알이 언제 날아와 박힐지

아무 것도 걸지 않은 오늘이 표적에 선다

확률을 즐기는 러시안룰렛

살아있는 동안 무모하지 않은 날은 단 하루도 없었으므로

날아온 탄환의 흔적으로 하루를 돌린다

나이지리아의 모자

태어나지 않은 아이의 모자를 뜬다
빈곤이 만들어낸 심연과 굴욕에 씌워줄
빼앗긴 대지에 씌워줄 무늬 없는 모자
뉴욕만큼 비싼 물가와
사하라 사막에서 날아온 모래먼지의 나라
노예가 되기 위해 태어나는 아이들
강제 노역과 매질에 필요한
강한 바람과 우기의 천둥에게 씌워줄 모자
회색의 열풍
나무에 매달린 채로 발아하는
맹그로브 숲의 씨앗들에게 씌워줄 모자를 뜬다
시만 있고 사랑이 없다면
단어들만 있고 그리움이 없다면
내일은 오겠지만 당신이 없다면
어머니가 되기 좋은 나라에서 온 편지
답장 대신 모자를 뜬다
시는 사랑이 쓰는 거라서
그리움만이 단어를 찾아 떠나고

당신이 없다면 내일도 없다고
손끝에서 태어나는 모자
생명과 두려움
그 둥근 실타래를 풀어 뜬다
태어난 날 사망하는 나이지리아의 체온
작고 검은 얼굴에 어울리는 푸른 햇살로
모자를 뜬다
한 여름 나이지리아의 고무단이 촘촘하다

고독의 족보

거짓말에게서 자식들이 태어났다 봄과 여름과 가을이었다 겨울의 만형들이었다 나이를 셀 수 없었던 겨울 역시 아들을 낳았는데 그들은 소문과 고통과 부끄러움이었다 부끄러움에게서도 아들 둘이 태어났는데 한 아들의 이름은 절망이었고 또 하나는 슬픈 저녁이었다 그들의 동생은 속죄였고

속죄는 죽음을 낳았다 그들의 시대에 세상은 온갖 은유로 나뉘었다 세월은 늘그막에 인간을 얻었으므로 달이 차서 몸을 푼 어떤 예술은 고갱과 고흐를 낳았다 쌍둥이였다 거만하고 침울한 로맨틱과 노란 벽을 가진 아틀리에는 치즈 없은 빵 한 조각을 걱정하는 불운을 낳았다 생전에 단 한 점의 그림을 판 불운은

붉은 포도밭과 밀짚모자를 쓴 초상을 낳았다 그러나 강렬한 색채나 격렬한 필치로 물감반죽을 만지작거리던 불운은 그의 아내 불평과 함께 귀를 자른 자화상을 낳아주었다 이들은 후기 인상파의 본고장에서 퍼져나간 야수파와 같은

형제들을 낳았고

임신하지 못하는 몸이어서 자식이 없었던 내일은 자기 아버지보다 먼저 죽은 오늘을 낳았다 이들의 운명적인 만남은 또 다른 거짓말들을 낳았고 그들은 모두 광야에서 죽어갈 아들들이었다 더 이상 나이가 기록되지 않던 그들은 치명적인 비극에 따라 본 고독의 자손들이었다

안성덕

전북 정읍 출생.

2009년 〈전북일보〉 신춘문예 당선.

시집 『몸붓』.

전수 거수.

친정 오라비처럼

배불뚝이를 만나면
풋살구 몇 알 건네주고 싶네
손자양을 하고 하늘을 우러르는
뒤뚱뒤뚱 아기 밴 여자를 보면
바람만바람만 따라가 주고 싶네
길을 가다가
도톰한 뱃속 사람꽃을 두 손으로
살포시 감싸 안은 젊은 여자를 만나면
시디신 자두 몇 알
가만,
쥐어주고 싶네

핼쑥한 낮달도
보름달처럼 금세 핏기가 돌 것이네
배부른 누이를 보면

꽃놀이 패

우하변에 매화 만발하고 좌상귀 복사꽃 분분하네

계란 삶고 김밥 말아 꽃구경 한 번 못가고 봄날은, 갔네
산번지 까치집도 좋으니 문패나 한 번 걸어보겠다고 알탕 갈탕 사이다 한 병 못 먹인 딸아이는 아직도 목이 메는지 자주 제 가슴팍을 치네

앞 장강 물이 뒷물에 밀려나듯 청춘이 흘렀네
대마불사도 헛말, 축도 모르는 채 덩치만 키운 아들놈은 여태 출구를 못 찾네 오 년째 미생마네

매화 놓치면 복사꽃 구경 가고 복사꽃 놓치면 매화 보러가겠네 무서리 친 늦가을 아닌 꽃놀이에, 두견화는 덤으로 꺾고 화전도 두어 장 부쳐보려네

좌상귀 복사꽃 한 점 따고, 우하변 매화 한 점을 따 담네 다 저녁에 반상은 꽃피는 봄날이네 겨우 환갑에 양로당 출입은 좀 뭣하고 명문기원 구석에 박혀 짜장면 내기 돌을

놓네

사는 일이 종당에 한 채 집짓기라, 이만하면 내 인생 근근이 계가는 될까도 싶네 꽃놀이패 덕에 사석보다 두어 집 더 지은 것 같네

밥 한 번 먹자는 말

밥은?
살점 발라 얹어주듯 건네는 그 말
생일상이나 받은 듯이
안 먹어도 배가 부르네
밥이나 먹고 다니냐?
겸상하자 건네는 한 마디에
부뚜막에 걸쳐
맨밥 한 술 우겨넣은 듯이
울컥 목이 메네
허기진 마음 금세 고봉으로 피어오르네
보글보글 얼큰한 찌개국물 떠넣은 듯
뱃속 훈훈해지네
젓가락 두 짝 키 맞추듯
건네는 그 말이
굴풋한 빈손에 숟가락을 쥐어주네

밥 한 번 먹자,
그 말 채 끝나기도 전에

뼛속까지 든든해지네
뚝배기 속 찌개국물 함께 떠먹으며
말도 섞고 마음도 섞자는 그 말
찬밥 같은 내 몸에
다습게 피를 돌리네

몸붓

1.
지렁이 반 마리가 기어간다
허옇게 말라가는 콘크리트 바닥에
질질 살 흘리며 간다
촉촉한 저편 풀숲으로 건너는 길은
오직 이 길뿐이라고
토막 난 몸뚱이로 쓴다
제 몸의 진물을 찍어
평생 한 一자 한 자밖에 못 긋는 몸부림
한나절 땡볕에 간단히 지워지고야 말
한 획

2.
고무타이어를 신었다
중앙시장 골목 어귀,
참빗 좀약 사세요 구두 깔창도 있어요
삐뚤빼뚤 삐뚤빼뚤
좌판 위 고무줄을 늘여 쓴다

비싹 미른입에 기품을 무는 듯
붓끝에 진땀을 찍는 듯
사내가 제 몸을 쥐어짠다
한 줄 더 써내려
몽당연필 같은 몸 필사적으로 끼적댄다
한 자 한 자 몸뚱이가 쓴 바닥을 지우며
기억뿐인 다리가 따라간다

덜미

엘리베이터에서 만난 아래층 사내
덜미가 툭, 튀어나와 있다
튀어나와 밤새 칼잠을 잤을
목도리도 안 한 그의 덜미
처음에는 뒤로 솟은 목젖인 줄 알았다

며칠 전 아내가 들었다는 소문대로
게시판 정리해고 명단에 끼어
압정으로 박혀 있던 자국 같다
갈고리에 꿰어 푸줏간에 걸린 흔적 같다
한 칼 두 칼 제 살점 베어주며
더욱 불거졌을 저 덜미

사내가 밤새 소주잔 털어 넣는 동안
제 목살 몇 점 베어 뒤집는 동안
삼겹살집 광두정 옷걸이는 기억했을 것이다
울음조차 꺼억 거릴 것만 같은
사내의 목젖을

대롱대롱 엘리베이터 천장에 걸린 채
오를 듯 가라앉는 저 덜미를

빳빳한 와이셔츠 깃이 미안해지는 출근길
거꾸로 매달린 물음표가
내 덜미도 걸고 있는 것 같아
사오정마냥 뜬금없이 나이를 묻던 인사부장 같아
문득 서늘해진 뒷목을 쓸어내린다
못 본 척 외면하려 돌아본 거울 속에
어디든 데려가 달라는 듯, 사내가
먼저 와 서 있다

달달한 쓴맛

엿을 먹었네
꿈결인 듯 앞산 너머 뻐꾸기가 울면 철걱철걱 엿장수가 가위를 쳤네
아무리 아껴 먹어도 할머니 흰 고무신은 금세 녹았고 어머니의 부지깽이는 오래 쓰라렸네
소쩍새는 밤이 깊도록 훌쩍 거렸네

정수리의 딱지나 떨어졌을 국민학교 오학년 땐가
방앗간 머슴이 빨리던 풍년초 몇 모금은 몽롱 했네 주제도 모르는 머슴 놈 편지 심부름에
얼척 없다, 옆집 누님은 시퍼렇게 나를 꼬집었네
알사탕은 달다 못해 쓰기만 했네

인내는 쓰다 그러나 그 열매는 달다.
책상 앞에 앉아 질끈 머리를 동여매었지만 열매는커녕 꽃 한 번 보지 못 했네
세월은 가슴애피를 하던 막내고모의 약단지에서 골라낸 감초만도 못했네

허나, 호락호락한 적 한 번 없던 세월이 엿 먹이지 않았다면 빈속에 강소주 맛을 내 어찌 알았겠는가
소주가 엿처럼 입에 쩍쩍 달았다면 삼십 년도 넘게 물리지 않을 수 있겠는가
환갑에 알겠네, 이 달달한 쓴맛을

등을 읽다

공원 벤치에 사내가 앉아 있다
모서리에 엉덩이 걸치고 돌아앉아 있다
서류가방 밀쳐놓고
어깨의 각을 접어 둥그런 방패를 만들고 있다

경전처럼 무릎 위에 받들까 망설이다가
미수금대장, 끝내 팽개쳤을 것이다
똑바로 쳐들 수 없는 고개
빵 부스러기 물고 가는 발밑 개미떼가
오래 눈길을 끌고 갔을 것이다
무어라 변명이라도 하려고 가방은
반쯤 열렸을 테고

세상을 향해 백기를 들고 있나
멜빵 없는 지게를 지고 있나
미동도 없는 저 사내 언제부터 앉아 있었는지
수그린 어깨에 녹청이 내렸다
퉁퉁 부은 제 발등이나 핥고 있는 등이

저물녘 쇠잔등이다 고분고분
등판만으로도 움푹 꺼진 눈매를 알겠다

방패처럼 웅크리면
칼날도 창끝도 다 견딜 수 있을까,
또 누군가 하릴없이 내 등이나 읽고 있을 텐데
추스를 틈도 없이 자꾸만
어깨가 흘러내린다
돔방한 바짓단, 사내의 발목이 희다

소문난 가정식 백반

식탁마다 두서넛씩 둘러앉고
외따로이 외톨박이 하나,
일면식도 없는 낯선 사내와 나를
반 어거지로 짝 맞춰 앉힌다
놓친 끼니때라 더러 빈자리가 보이는데도
참, 상술 한번 기차다

소문난 게 야박한 인심인가 싶다가
의지가지없는 타관에서
제 식구 아닌 낯선 아낙이 퍼주는 밥을
꾸역꾸역 우겨넣으며
울컥 목이 멜지도 모를 심사를
헤아린 성싶다고 자위해본다

정읍 시외버스터미널 뒷골목 소문난 밥집
어머니뻘 늙은 안주인의 속내가
집밥 같다
잘 띄운 청국장 뚝배기처럼 깊고

고등어조림의 무 조각처럼 달다
달그락달그락,
겸상한 두 사내의 뺄쭘한 밥숟가락 소리

삼 년 묵은 갓김치가 코끝을 문득
톡, 쏜다

스민다는 것

꽝꽝 언 호수에 돌멩이가 박혀 있다 둥둥 떠 있다 얼어붙었을 리 없고 누군가 던져 단박에 박혔을 리 없다

들이받힌 가슴 안고 얼음장은 얼음장대로 긴긴 밤 속울음을 울었을 터, 두드려도 끝내 열리지 않는 빗장에 돌멩이는 돌멩이대로 마음에 금이 갔을 터

풀릴 듯 얼어붙고 얼어붙을 듯 풀리는 동안 금간 자리에 눈이 갔던 것이다 거둘 듯 들이받고 들이받다 거두는 사이 들이받힌 비명소리 들었던 것이다

진물 걷어내고 딱지 앉히듯 서로 품었다 상처에 새살 채우듯이 서로 메웠다 맨몸 부대끼며 속내를 가늠해 한살되었다

스민다는 것,
내가 얼어붙은 호숫가를 서성이며 온종일 너를 생각한다는 것

이인순

전북 전주 출생.
1991년 ≪문학과 비평≫으로 등단.
시집 『벌레집』.
전주 거주.

길

누군가를 사랑하는 것은 긴 여행을 떠나는 일이다
낮달 하나를 엿보고자 하는 간절한 동경이다
어느 저녁, 어스름으로 길게 흐르는 길을 따라 천천히 걸으며
희미해져가는 바다를 오래 바라본 적이 있다
그때 나는, 낯선 바다 위로 낮게 뜬 어떤 달 하나를 동경하여
그 바닷가에 나를 풍장하려 했었다 그러나
사랑하는 사람이여, 사람의 길은 모두 달라서
네게 가는 길과 내게 오는 길은 사뭇 달랐다

황홀한 블루스

보라, 서쪽 산꼭대기에 걸려 있는 저 황금빛 복주머니를

절정에 잠시 머물다 체념하듯 부드럽게 미끄러지는 저 태양은
<u>오오오오오오옴 오옹오오오오옴</u>
황금빛 오르가즘을 천지에 슬슬 풀어 놓는다

수억만 개 허방을 딛고 억겁을 닳아진 경로를 따라 수천세기를 날아온 저 분분한 새 떼들
이제 잠이 깃들 집을 찾아 흩어져 돌아간다

사유의 깊은 주름살들
시간을 숨겨둔 복주머니들

살아있는 모든 것은 주름을 가졌다
주름 사이에 사랑을 넌지시 비밀을 간직한다

하늘 귀퉁이에서 미끄러지는 황금 주머니

〉

내려가는 자는 육체에 새긴 쑥스런 훈장인
주름을 가진 자 살아남은 자들이다

올라가는 자 모두 초월超越을 꿈꾸지만
내려오는 자는 경계를 넘나드는 황홀한
포월抱越의 블루스를 춘다

아름다움은 입술 꾹 다문 두 겹의 비밀 사이에서 피어난다

봄날

-광녀의 고백

아직도 초경인가 봐
예고도 없이 툭 터져
가슴 철렁하네
징허네 아름답네 여직
솜털 보송한 하얀 꽃

오월 시퍼런 허공에다
수억년 전 자잘한 기억을
잘도 풀어 놓네

베틀마다 피어나는 하얀 꽃
여전히 소름끼쳐

하얀 꽃 쌓여만 가네
아직도 켜켜로 쌓여가네

봄날 한가운데다

〉

다시, 햇빛 낭자한 장가에
질편하게 주저앉아
허옇게 가슴을 쥐어뜯는다

별

새소리, 봄비, 뭉게구름, 바람, 노을이 불타는 바다, 나비의 날개짓, 풀내음, 소낙비 소리

여보, 이 모든 것은 내 사랑하는 선생님이셔

갓 태어난 오래된 기억의 동심원인 나는, 억만년 동안 확장되고 있는 지금 속에서 확장하는 나는, 내 사랑하는 선생님들과 지금, 따앙~ 육체를 관통하는 방아쇠를 당긴다.

인간은 육체에 묶여 있는 별
어느 날 불끈 솟아오르리라

나비들 흔적 없이 날아가 버리더니
오롯이 내 곁에 날아와 앉는다

내 사랑하는 선생님의 가르침은
모든 것은 그림자이며 모든 것 역시 모든 것의 그림자라는 것
〉

세상은 생살로 가득 찼으니

츠츳, 모든 것은 참 교묘한 상징이고 열쇠라네

불안 속에서 신작로新作路를 내는 일

내가 무척 오래된 길이라는 생각 그치질 않는다

길나는 것, 길드는 것, 길을 잃는 것

길은 누군가 지나간 흔적이므로 어떤 기억들을 품고 있다
설령, 알 수 없다 해도 길은 누군가의 기억이다

누구나 한 시절 안개 속을 헤매는 불안을 사랑한다
낙엽 냄새 가득한 낭만과 광기의 늪
그것은 인간의 얼굴을 닮아있다

잠시라도 숲 속을 헤매 본 사람은 알 것이다
안개 자욱한 숲길을 걷는 것이 무엇인지를

나는 성문을 열어 보았던 녹슨 열쇠를 꺼내본다
안개의 숲으로 가시오, 매 생애마다

불현듯 그 길을 얼마나 사랑했던지 떠올린다

〉

안개 속에서 길들은 뿔뿔이 흩어져 있다
그러나 모든 길은 매번 한 쪽으로만 기울어지니
사실 길들은 모두 닮아있다

아직까지 하늘 아래 끊어지거나 아예 사라진 길은 없다
길들은 같은 곳을 향해 흐르는 기억이다

누구나 빠르지도 늦지도 않은 바로 그때를 살고 있으니, 그대여
안개 속에서 자주 의심하고 축복할지어다

봄날 또 간다

기어코 봄은 다시 오고 찬란한 기억들
미친 듯이 흩날리네
연분홍 치마 바람에 또 휘날리네

길 아닌 데부터 더듬어서
달려 왔다네

나는 벚꽃이 유명한 도시 물색 고운 유원지에서
취생몽사 봄날의 축제를 참관하고 있네

지나간 봄은 아무도 기억하지 않음을
불현듯 생각하네

이대로 한바탕 흔들려라 확 피고 냉정하게 져버려라
춘색은 반란이니 제자리로 돌아감을 서러워 말라

봄이 짧음을 탄식하는 내게
꽃은 그 사랑이 아름다운 법이니

꽃 진 자리가 더 간절하다고
그대는 나직이 이야기하네

얄궂은 맹세에 그날처럼 봄날은 느리게 지나갔네

연분홍치마 휘날리는 이 봄
예전하고 달라진 것 하나 없어서
나는 잠 기뻤네

나무

여기 나무가 있다 항상 "예"하고 대답하는 나무

대지 한 가운데서 불쑥 자라 올라
태양을 심장에 매달고 있는 대지의 자식

바람에 나뭇잎이 부딪쳐 아우성 칠 때조차
"예"라고 대답하는 나무는 매번 놀랍다

나무는 너무 많은 긍정의 유전자를 가졌기에 고독하다

나무는 날마다 자라는 십자가
첫번째 신이 꿈꾸었던 두터운 생명의 책자다

생명의 강물이 흘러드는 눈부신 섹스의 다리이기에
나무는 날마다 새파랗게 타오르며 사랑을 노래한다

대지의 심장을 움켜쥐고 사방에 빛을 퍼트리는 나무의
공장은 탐욕스럽다

빵이 되고, 구름이 되고, 불꽃이 되고, 노래가 되는 나무

바람이 오래된 사랑을 건드릴 때 나무의 기억도 함께 흔들린다

폭풍우 속에서 더 무성해지고 태양 아래 머리칼이 짙어지며 겨울이면 수액을 타고 고요하게 흐를 줄 아는 둥근 방
캄캄한 밤이면 별들까지 수액을 쏘아 올려 불꽃을 만드는 고요한 총부리

나는 왜 나무처럼 긍정의 삶을 가지지 못했던가

구태의연한 상징들을 부숴뜨리며 내 삶을 반성한다

개똥지빠귀

개똥지빠귀 한 마리
날아와
가지 끝에 앉는다
허공이
낭창해진다

순간
낯익은 길이
사라진다

개똥지빠귀 한 마리
후루룩
날아가 버린다

유독
그 자리가 환하다

천지는 이제

길뿐이다

개똥지빠귀 한 마리
오늘도
바쁘다

이름들

내 이름은, 어딘지 낯익다고 느끼는 순간, 뭐라 부를지 생각나지 않아 당황스런 것들, 정말일까 궁금해지는 모든 것들이다, 날마다 새롭게 알아지는 허튼 것들이다

개와 늑대의 시간, 그 변주, 케케묵은 견고한 침묵,

이름은, 강하고 연약한 모든 것들이며, 그 사이이다, 불현듯 찾아오는'아하'의 순간, 그냥 그것, 愛初부터 그것인 나, 이름은 愛初부터 너이다

도시건물의 외벽을 지나가는 검은 구름 떼, 카스트라토 가수들, 배고픈 아이, 긴 키스, 비 냄새, 첫 몽정, 코스피 지수, 까르티에 브레송의 결정적 순간과 더딘 임종, 더럽고 추한 아픈 기억들 사이에 애初부터 내가 있다 **이름**이 있다

장경기

전북 김제 출생.
1992년 ≪현대시≫로 등단.
1998년 '멀티포엠 선언문' 발표.
1996년부터 20년째 『아리랑 만생전』 시리즈 창작.
멀티포엠아트 형태의 작품을 24권 시리즈 2000여 편까지 진행.
저서 『몽상의 피』, 『안개의 집』, 『마고』, 『신용불량자』, 『눈꽃경전』,
『모어를 찾아서』, 『또 다른 변신을 향해서』 외.
장편 멀티포엠 영화 『시의 눈』 제작 중.
서울 거주.

아내와 아편을 투약하는 밤

여보, 제발 그런 눈으로 보지 말아요.
경련하는 기형아를 낳고 싶어요.
제발 내 깊숙이 백색의 바늘 꽂아줘요.
제발, 피가 말라요. 머리 속이 부식되나 봐요.
제발, 그런 싸늘함으로 저를 보지 말아요.
제 영혼마저 더럽다고 생각하세요? 그런가요?
이 덜덜 떨리는, 바늘자욱 자욱한 내 팔에
문신은 누가 세겨주죠?

텅 비어지는 머리 속에서
눈동자 없이 초조히 표랑 하는 저 혼령들,
가엾은 늙은 신은 주사바늘 위에서 떨고 있어요.
어둠 저편에도 아늑한 신의 방은 있을까요?
부식된 영혼까지 받아주나요.
이 창백한 얼굴, 이 가면만 벗으면 되니요.
내 안에도 슬픔의 강은 흐르나요.

누가 침몰하는 내 젖가슴 위에서 나발을 불죠?

형수님 생각

푸르스름한 빛이 연하게 감도는 방안엔
아이와 형수님이 인형마냥 놓여 있소.
형수는 내가 손끝으로 만진 후로
아이보다 더 작은 모습으로 졸아들어,
비스듬히 누워 있소.
여러 날, 그런 상태로 있기에
어머니가 형님에게 눈짓으로
왜 그러냐 물으매,
형님이 '동생이 만져서' 하며
말꼬리를 흐리는데,
그나마 형수님 모습은
아예 보이지 않게 되었소.
녹아 사라진 게요.

내 이를 안쓰러이 여기던 차에
갑자기 섬세한 무늬를 가진
그물망 하나가
벽에서 스르르 자라나더니,

빨판마냥 돋아난 그물 양날을
내 몸에 부착시키더라.
내 놀라자 어머니가 빗자루로
그물을 때리고 여동생이 잡아당겼소.
형수님이 나를 원망하여 그물이 된 겐가?
그런가? 그런가 하여 심히 섞연찮은데,
빨판이 떨어져나가자
그물이 타들면서 비틀려져
끝내는 재로 변하더라.

까마귀들이
마루, 안방까지 날아들어 쪼으는데,
형님은 아무 말도 못하고
물끄러미 바라만 보니,
내 심히 죄스럽고 안타깝기만 하오.

금성아파트

지금은 낡은 금성아파트
가끔 베란다에서 떨어지는 한가로운
낯익은 얼굴들

일찍이 나의 탄생과 첫울음 소리도
지켜보고 들어왔을 몇몇 얼굴들

일제히 두려운 표정으로
얼어붙으리라는 걸 나는 알지 못했다

눈동자 없이 검은 눈의 창문들,
그늘에 덮인 아파트 담벼락 아래 길로 지나다니는
나의 모습을, 말없이 지켜봐 왔던 저 창문들,
정적이 똬리를 틀고 있는 창문들이
나의 비명 소리로 파드드 떨리라는 것을
나는 예상하지 못했다.

그늘진 담벼락을 더욱 짙은 그림자 찍으며

긴 시간 속으로 이어지는 그 길 오기면서도
나는 그 길이 나의 마지막 순간을 위해
누워 있다는 걸 몰랐다.

길 어느 모퉁이엔가
유년의 책가방을 맨 내 모습이 희끗희끗 보이고
고등학교 푸른 제복, 떨리는 욕망에
삼 못 이루고 서성이던 발길

세상에 치어 비틀거리는 발길들, 시간들이
차곡차곡 수 만 겹으로 쌓여가는 데도

내 주검이 어느 겹 속엔가
드러누워 있으리란 걸 몰랐다

겹겹이 쌓인 시간의 틈새로
바람이 넘싯넘싯 지나다니던 어느 날
아파트 낡은 창문에서
마침내 비명 소리가 들려 오고
그 길바닥에 내 주검이 으깨어진 채 드러눕고
피가 홍건하게 번져도 나는 몰랐다. 나의 죽음을
〉

나는 내가 죽은 줄도 모르고
죽음 위로 벌떡 일어나
여전히 짙은 그림자를 드리우며
그 길로 지나다녔고
지금도 낡은 아파트 현관문을
드나들고 있다

동반자살

스치는 바람에도,
기분 나쁜 피 냄새 스며드는
이 악령의 텅 빈 허공속,
그대만이 알아 들을 수 있었던
저 천상의 순결한 음성,

돌아보면 그대 순수혼으로 하여
그대에겐 어두운 망상의 그물이던 이 세상
흐릿한 유령이 되어 부유해야 했던 그대
시들어진 가슴에 자욱이 번진 세상의 독이여
기분 나쁜 어둠의 갈기 퍼득이며 내려오면
그대 초조히 번득이던 눈동자 광기여

탕진되고 고갈되어버린 뇌세포속
자욱한 마리화나
우울한 도취의 시절이여
쓰디쓴 타액으로 끈적이던 동굴의 사랑
그리운 악취여

그대는 세상의 치명의 독이되어
세상은 그대를 희디흰 병동아래 창살에 유배하네
끝내는 약물 중독으로 텅 비어버린 그대 눈동자
그러나 나는 세상이 그대 순수혼에
치명의 독이었음을 알기에
그대를 사랑하리

이 주름진 몽상의 땅에서 초조히 방황하며
파아란 인광의 싸늘한 광기로 번득이던
그대 눈빛
이제는 희디흰 병동의 창살 아래
풀려버린 동공이 되어 나를 담아내지 못하여도
그대 내 안에 있음을 알기에 나는 쓸쓸하지 않네

그대 밤새도록 창살에 짓찧고 찧어,
그대 상한 깃털 병동의 창살 아래 수북이 쌓이면
그대 피눈물은 뚝뚝 떨어져
내 잠든 가슴을 적시는 신새벽,
나 그대 날개 되리라.

그대 병들어 메마른 젖가슴 위에

늘어진 그대의 손목에
나는 칼금 그어 그대의 마지막 숨을 끊네.
나 그대와 함께 하려 내 손목에 칼금 긋네.
콘크리트 바닥에 떨어지는 그대의 핏물에
내 핏방울도 떨어지네.

그대 죽음이 스며와도
풀려버린 눈동자는 말이 없고,
그대 껴안은 내 피흘리는 손도,
죽음 속으로 늘어뜨려지네.

그러나, 저 싸늘한 콘크리트 바닥에서
섞여지는 우리의 피처럼,
저 소멸의 지평선 떠나면,
우리 함께 함을 알고 있기에
우리 영혼은 쓸쓸하지 않으리.

간음

오! 누나의 간음姦淫을 품는다.
금단禁斷 같은 아비의 주검이 물컹거리는
노오란 음부陰部 속,
흐드러지는 살빛 노을을 지나

아, 나는 어느 몽상夢想의 피 상속받은 죄,
죄의 초상肖像이기에
금단禁斷의 젖꼭지 투성이인 밤바다 속을
이리도 탐스럽게 출렁이는 것이냐.
입술은 초조히 침묵으로 숨어드는데
낯선 눈동자들은 차운 새벽 닦아내는데
성난 죽음처럼 터지는 폭죽爆竹이 되어
어느 기인 얼굴을 끌고 가는 것이냐.

파리한 손 떨고 있는
지상地上의 희디흰 침대에서
죽음이 물컹거리는 노오란 젖가슴에서
광폭한 사막을 낳는 이 혼곤한 땀내,

송골송골 맺히는 죄, 죄가 되어
입술은 초조히 표정을 살피며
두려운 대화를 나누고
다만 야위어지는 누나는
끝내 달이 잠든 겨드랑이 아래
두려운 눈물로 허물어진다.
내 파리한 손 아래서 식어진
누나의 젖가슴은 문종이마냥 떨린다.

소

오오,
고깃덩어리들이
끼억끼억 정육점 냉장고에서 기어나와
살거죽을 뒤집어쓰고 비츨비츨 거리로 걸어나온다.
머리 없는 소들,
허벅지, 엉덩이 없는 몸뚱아리 끌고
끼억끼억 안개 자욱한 서울 거리로 걸어나와
음매음매 고향 찾아간다.

음산한 골목에서 불쑥불쑥 사람들이 기어나와
한 덩어리씩 안심이며 등심을 잘라
안개 속으로 사라지면
도끼날에 칼날에 베인 자리
쑤시고 견디지 못하여
와르르 무너지는 몸뚱아리들.

바퀴벌레 흠칠흠칠 꼬여들고
들쥐가 한 차례 뜯고 간 뒤

사람들이 한 덩어리씩 불쑥불쑥 주워 간 자리에
피는 흔적으로 남아 있다.
강아지가 흠칠거리고
하수구에 빠진 대가리는 잃어버린 몸체를 찾아서
움메에 움메에 울어 제낀다.

간혹 무너지지 않고
누누한 외양간에 당도한 고깃덩어리들은
여전히 살거죽을 뒤집어쓴 채
혹은 널부러져 있고 혹은 선 채로
허연 우유를 흘리며
여전히 젖소임을 증명하고 있다.

죽은 것들이 살아 있음을 증명하려는
소들의 저 기이한 풍경.

문득 그 눈길들과 마주치면
잃어버린 제 몸뚱아리를 찾아 애원하는 눈동자.
어쩌면 그리도 나를 닮아……

나는 무심코 도끼날로 내려쳐 확인 사살한다.

유년

'이해할 수 있겠니?
이해할 수 없으면서도 자꾸 끌리는
노오란 새들의 반란 같은 충동,
끈끈이주걱 속에 노오란 잠 같은……'

무슨 말인지 모르겠어요. 엄만 또 자살할 거예요.
'아냐, 다시는'
엄만, 엄마가 무슨 말을 하는지도 모르잖아요.
난 알아요. 엄만 날 사랑하지 않았어요.
엄마, 제발, 제발 날 가두지만 마세요.
납빛 동굴로 들어가는 녹슨 아이, 상상해 보세요.
엄만, 제가 정신의 불구자라고 생각하세요?
아무도 이해할 수 없는 말 되풀이하는 병든 새.
벽 속에 갇혀서만 살아야 한다고 생각하세요?

아침마다 눈을 뜨면 벽 속에서 기도를 하죠.
누군가, 무언가 나를 흔들어 내가 실존한다는 걸,
먼지 앉은 입술이라도 만지며

정말 입술이라는 걸 느끼게 해달라고,
누구든 나에 대해서 말해달라고,

제발, 제발 나를 꺼내 주세요.
이 늙은 계란 속에 노오란 잠 같은 生에서
제발

너의 폐허 된 가슴이 좋다

열망도
순정도 슬픔도
다 바스라져버린 폐허의 가슴이 좋다

가슴 벽에 흘러내리던 눈물도 말라붙고
가슴바닥 뒹굴던 쓴 소주잔도 먼지만 쌓여
꿈도 꿈을 잃어버리고
새도 새를 놓아버려

가뭇없이 지평선만 바라보는
너의 아련 무심한 눈빛이 나는 좋다
속절없이 무너져내리는 생의 비탄,
절망을 지그시 바라만 보는

네 가슴 안길로 걸어 들어가
흙발로 짓이기고 뭉개고 부숴버려도
그저 무심히 무너져내리는 너의 어렴풋한 미소가 좋다
〉

후미진 뒷골목에서야
어둠을 끌어안고
남몰래 흘리는 한줄기 뜨거운 너의 눈물이 좋다

인간의 길

기다리지 마라
서서히
그러나 완벽히
죽음은 너를 완성하리라

영혼의 아름다움이
타협과 비굴 속으로 무너져 내리고
모든 사랑이 원한으로 번져가도
바라만 보아라

고독의 힘을 신뢰하지 마라
무無의 황량한 영토를 서성이지도
제 스스로를 혐오하며
악惡의 휘황한 리듬으로 타오름을
찬미하지도 마라

제 안으로만 향하는 동굴 속,
혼자서 걸어가는 자살의 쓸쓸한 뒷모습도

해면층의 나날을 덮고 있는
흐린 불투명의 안개도 경멸하지 마라

환희로 부풀며 출렁이는
저 흐드러지는 젖가슴, 가쁜 희열을 탐닉하지도
무너져가는 것들의 슬픔을
보석처럼 노래하려 들지도 마라

예측할 수 없는 데로 떠밀려가는 운명을
괴로워할 것은 없다
무지無知야말로 신神마저 갖지 못한
인간의 절대적인 특권이자 확신

누가, 누가 있어 태초로부터 봉인된
네 안에 우주블랙박스를 해독하랴
그대를 해독하랴

그대 싸늘함이여
네 근본은 뜨거운 용암이었다
그러나 연연해하지 마라
가장 높이 오른 자는
그대의 고독, 그대의 비극, 분노마저 비웃는다

장종권

전북 김제 출생.

1985년 ≪현대시학≫ 추천완료.

시집 『호박꽃나라』 외.

장편소설 『순애』(전2권).

창작집 『자장암의 금개구리』.

인천문학상, 성균문학상 수상.

계간 리토피아 주간.

사)문화예술소통연구소 이사장.

인천 거주.

오늘이라는 낙원

누가 이중섭을 산 채로 십자가에 매달았을까.
황금 제단에 탐스러운 천도화를 놓아두었을까.
보는 이마다 간절하게 낙원으로 끌고 갔을까.
망우리 그의 하얀 비석에는 이끼도 자라지 않아
빈 무덤에 이름 없는 들꽃들만 무더기로 피어
흘러가던 구름도 궁금하면 때때로 돌아보지.
누가 이중섭을 산채로 십자가에 매달았을까.
눈먼 민중들에게는 어떤 비명도 들리지 않아.
파도 소리에 귀 막고 등 돌려 벼랑으로 가네.
벼랑 끝 도열한 십자가는 오늘도 경매가 한창이고,
경매가 끝나면 또 다른 이중섭이 십자가로 가네.
얼굴 다른 이중섭이 도살장 소처럼 끌려가네.
보는 이마다 낙원으로 향하라 시든 꽃비 내리네.

참말 거짓말

거짓말을 잘 하라고 열심히 가르친다.
거짓말이 제일 아름답다고 열심히 가르친다.
참말로 사람 죽이는 일 있어도
거짓말로 사람 죽이기는 어려운 일이라고
그 참말 참말로 참말이 아니라고
그 거짓말 참말로 거짓말이 아니라고
아무리 참이라 말해도 참이 아니고
아무리 거짓말이라 말해도 거짓이 아니라고
그러니 참말 같은 거짓말 잘 하고
그러니 이쁜 거짓말로 따뜻하게 잘 살라고
당신과 나는 다르다는 참말보다
나도 당신처럼 살고 싶다는 거짓말
사실은 그 참말이 거짓말이고
사실은 그 거짓말이 참말이라고
그리 알고 거짓말 잘 하는 사람 되라고
열심히 참말인 것처럼 거짓말 하고 산다.
거짓말 잘 하면 거짓도 참이 되고
참말을 잘 하면 참말도 거짓이 된다고

세상은 요지경이라 답도 없는 시험문제라
참말인지 거짓말인지 나도 모르는 말로 산다.

호박꽃나라 · 1

호박꽃은 저마다의 이름이 없다
기껏해야 호박이라는 동네 이름 정도다
사람으로 치면 성만 가지고 살아가는 것이다
호박꽃들은 저마다의 모양도 비슷하고
향기도 비슷하고 크기도 비슷하다
소리가 있다면 그것도 비슷할 것이다
사람들의 생각이다
그러니 텃밭머리에 피는 호박꽃을
무어라 달리 이름 부르고
담장을 기어오르는 호박꽃을
무어라 달리 이름 부를 이유도 없고
의미도 없다 그냥 호박꽃일 뿐이다
사람들의 생각이다
그래서 호박꽃 개개의 존재들과
굳이 대화를 할 일도 없고
어느 호박꽃 한 송이를
특별하게 사랑할 이유도 없다
어디에 핀 호박꽃이든 보기에 좋으면 그만이다

사람들의 생각이다
아직 호박꽃에게 물어보지는 못했다
아직 벌들에게 물어보지도 못했다
신도 우리에게 아마 이럴 것이다

꽃이 그냥 꽃인 날에 아름다웠던 꽃을 그리며

이 땅의 꽃이란 꽃은 모두 죽어버려라
아름다운 것들은 아름다운 껍질을 벗고
산 것들은 생명의 소중한 속살을 파내어
우주의 먼지 속으로 모조리 던져버려라
보이는 것으로 보았다 말할 수 없고
들은 것으로 들었다 말할 수도 없는
미래의 꿈들이 절망적으로 춤추는 곳에서
꽃은 꽃으로 서있어도 더 이상 꽃이 아니다
아름답게 피어도 더 이상 피었다 말할 수 없다
미치도록 좋았던 그대에게 묻노니 지금도 황홀한가
흘러간 자리에도 꽃은 피지만 피었다 말할 수 없다
피어도 피었다 할 수 없으니 이제 꽃은 꽃이 아니다
사라진 들에 바람은 불어서 어쩌자는 것이냐
얼굴 없는 종족들에게 향기는 날려서 어쩌자는 것이냐
사라진 것들의 무덤 위로 거대한 꿈의 궁전은 무성하게 자라고
얼굴 없는 존재들은 밤이나 낮이나 클릭, 클릭, 클릭,
혼자서도 섹스를 한다

드디어 머리 아픈 한밤 엮어내는 상상의 세계가 만병을
통치한다
심장을 광대한 허공 속에 띄워놓고
맛없는 땀과 식은 피를 뿌려대는
이 저녁 어둠은 빛처럼 황홀한 그림 그리며 다가서고 있다
꽃이 그냥 꽃인 날에 아름다웠던 꽃을 그리며
이 땅의 꽃이란 꽃은 모두 죽어버려라
살아야 할 이유 있어도 굳이 목을 꺾어버려라
슬퍼하는 이 없어 죽어도 결코 죽음답지 못하리라

안치실 앞에서 · 1

꽃구경 다녀오다 교통사고로 세상 뜨신 장인어른이 찾아오셨다 흡사 구렁이 얼굴 같은 손님 하나 데불고 와 배가 고파 못 견디겠으니 어서 밥상이나 차려주었으면 좋겠다 하신다 꿈인가 생시인가 하여 이 밤 어디에서 오시는 길인가 여쭈었더니 내 아버지 어머니 뵙고 싶어 삼 년을 헤맸으나 끝내 찾지 못하고 허기졌다 하신다 어서 밥이나 달라 성화라 놀란 아내 부리나케 상 차려 올렸으나 숟가락 들자마자 다시 놓으시고는 생각이 없다며 일어서신다 말릴 사이도 없이 휑하니 떠나는 두 사람의 뒷모습 멀거니 바라보다가 눈을 뜨니 꿈이다

열일곱 살 쇳덩어리 같던 처조카가 교통사고로 숨졌다

안치실 앞에서 · 2

열일곱 살 쇳덩어리 같던 처조카가 교통사고로 숨졌다

동서가 춘삼월 벌였던 굿판에서 장인어른 벌써 오셨었다
내가 젊어 죽을병 걸렸을 때의 일이다 황소 끌고 장에 다녀
오는 달밤이었지 대보 아래 풀섶에서 푸르게 푸르게 빛나는
눈빛을 보았다 다가가 살펴보니 팔뚝만한 구렁이가 또아리
틀고 있었어 그 눈빛 너무도 영롱하여 섬뜩한 생각마저 들
었지만 문득 이제는 살겠구나 싶어 낼름 때려잡아 황소 등
에 얹었지 그 밤으로 다려 마시고 나 살아나지 않았나 그
구렁이 나 저승길 들어서자마자 친구처럼 기다리고 있더구
나 저승길 가는 동안 끝끝내 친구 하자는구나 저승문도 아
니 보이고 조상님 계신 곳도 아니 보이고 나 아직 끌려다니
며 이승을 떠돌 수밖에 듣고 계시던 장모님 끌끌거리며 내
이럴 줄 알았지 그 구렁이 빛깔이 곱기도 하더니

형수의 이름

갓난 아이 이름 지어들고 면사무소에 출생신고 하러 가다가 반가운 친구 만나 술을 마셨네. 잔뜩 취하고도 면사무소에 들러 서류를 다 쓰긴 썼는데, 정작 지어놓은 이름이 영 생각나지 않았다네. 머리를 싸매고 온갖 이름 되뇌이다가 긴가민가 하며 그럴 듯한 이름을 주워댔는데, 나중에 알고 보니 형수님의 이름이더라.

분탱이

분탱이라 부르면 분명 아들 나온다는 말이 있었지. 설마 싶어 마지막 딸이 되어라 종녀라 이름 지었는데, 어쩌나, 또 딸이었네. 에라 모르겠다. 딸내미 듣거나 말거나 분탱이 분탱이 노래를 불렀더니 신기하게도 다음에는 아들이 나오더라. 딸부잣집 경사 났네. 분탱이 덕분에 경사 났네. 철이 든 분탱이 분이 나서 아버지만 보면 대들었네. 난 뭐예요. 분탱이지. 이름으로 불러줘요. 분탱이지. 분탱이 끝내 분 못 풀고 시집가서도 분탱이었네. 아버지 떠나기 전에 작심하고 물었다네. 제가 누구게요. 분탱이지. 이름이 머냐구요. 분탱이지. 하늘 같은 분탱이지. 아주 오래 전 우리 동네 이야기라네.

칙간의 보양재

칙간이라고 불렸던 재래식 변소를 다니다보면
가끔은 똥도 밟고 오줌도 밟고 구데기도 밟는다.
낮은 지붕 밑으로 잿간도 함께 붙어 있었는데
아버지가 좋은 거름 만들려고 똥오줌 뒤섞어놓은
잿더미에 빠지며 헤치며 엉금엉금 기어 넘으면
암탉이 낳은 뜨끈뜨끈한 계란이 숨어 있곤 하였는데
아버지 몰래 꺼내들고 뒤안으로 가 까먹는 재미는
오줌 냄새도 똥냄새도 구데기도 별 것이 아니었다.
외갓댁에 가면 외할머니 늘상 꺼내주시던
천하의 보양재 날계란을 몰래 훔쳐먹으며
나는 무럭무럭 자라 장닭 같은 어른이 되었다.
그러니 오늘 재래식 변소 같은 세상을 거닐면서
똥도 밟고 오줌도 밟고 구데기도 밟긴 하지만
그것이 모조리 살이 되고 피가 되리라 되리라.
나도 그들에게 혹간은 똥도 되고 오줌도 되고
구데기도 되면서 보양재 챙겨 주리라 주리라.
똥도 아니고 오줌도 아니고 구데기도 아니면
어디 가서 뜨끈뜨끈한 날계란 훔쳐먹으랴 먹으랴.

조재형

전북 부안 출생.
2011년 ≪시문학≫으로 등단.
시집 『지문을 수배하다』.
부인 거주.

하루의 사용법

슬픔은 수령하되 눈물은 남용 말 것
주머니가 가벼우면 미소를 얹어 줄 것
지갑을 쫓지도 지갑에 쫓기지도 말고
안전거리를 확보할 것
침묵의 틈에 매운 대화를 첨가할 것
어제와 비교되며 부서진 나
이웃 동료와 더 견주는 건 금물
인맥은 사람에 국한시키지 말 것
숲 속의 풀꽃 전깃줄의 날개들
지구 밖 유성까지 인연을 넓혀 갈 것
해찰을 하는데 1할은 할애할 것
고난은 추억의 사원
시간을 가공 중이라고 자위할 것
돌아오는 길에
낮이은 별들에게 윙크하기 잊지 말 것

침묵을 엿듣다

나는 고장 난 신호등
당신의 하루를 지켜줄 수 없다
더 이상 나를 준수하지 말기를
빨간불에서 천편일률로 멈추는, 상투적인 당신에게
필요한 무기는 일탈이라는 이탈
눈감아주고 있는 지금이야말로
계급으로 쌓아올린 바벨탑을 허물 기회
무너짐 너머에 개척할 새 바닥이 기다린다

나는 유쾌한 제한구역
네모난 정직이라면 불허한다
고함으로 두드려도 열리지 않겠다
어디서나 우대받는 정품은 그만
낙과처럼 버려진 당신을 우대한다
바닥을 전전해본 반품이야말로 삶이 배어 있는 것
부러진 희망은 당신의 몫
잘 손질하면 양지원에 배송되는 감사로 거듭날 것

나는 촉촉한 비데다
천기누설을 주름 잡는 통치자
마를 날 없는 하루를 지퍼처럼 열어놓는다
오늘의 속내를 관장하는 유일한 총구로
착륙하는 비밀을 향해 정조준 한다
당신의 위치를 점검하기를

나는 빈 주전자
쓸쓸한 오늘을 담아 목마른 허식을 적셔줄까
벌컥 들이마실 작정이면 나를 유의하기를
때로 나는 당신에게
함부로 취하면 안 되는 독배다

나는 오래된 바퀴
어디라도 굴러 찾아간다
탄탄대로보다는 전투적인 비포장을 선호한다
호의호식하는 측근으로 정체되느니
유리걸식하며 길을 닦는 중고 타이어로 버려졌으면
패가망神이 구원할 것인 즉
당신의 경사대로 추락하게 나를 방치해두기를

나는 눈물이 출렁이는 만년필

애용하려거든 슬퍼할 각오를 다져야
나를 집어드는 당신은 비극의 저자
발굴되지 않았으면 우리는 한낱 교정되어야 할 비문非文,
오기誤記에 지나지 않을 사족,
폐기처분되었을 시대의 과오다

나는 숫자 0
나를 영득하는 순간
추수한 과실보다 몇 배가 부풀려지겠다
하지만 당신이 응대하는 방향에 따라
성취한 모든 것을 잃을 수도 있다
당신의 경향을 택하고 나를 포용하기를

즐거운 세일

오늘 나는 임의로 제출되었다
하지만 누구도 나를 펼쳐 보지 않는다
하는 수 없이 집으로 반품되는 중이다
표준 어법으로 억양을 각색했던 바
원산지 표시에 하자가 드러난 것
내가 이 가문의 재고품이 된 지는 오래
식구들은 밤새 나를 재포장할 것이다
내일 다시 신품인 듯 납품을 시도하겠지
따뜻한 배후가 되어 주겠지
화살기도로 엄호해 주겠지
또한 이렇게 외쳐 주지 않겠어?
대박이 아니라도 좋아,
반품이 되어도 좋아,
바겐세일만은 사양해!

때늦은 서평

-아버지

어깨 너머는 천인단애보다 깊다
나는 生을 통틀어 열람해 보았던 것인데
주름진 문장은 까마득해
행간의 속내를 다 읽지 못했다
돌아가신 할머니의 주석이 없는 한
만년설처럼 아득한 이면을 헤아릴 수 없었던 것
완고하신 하느님이 낡은 책장을 덮을 때까지
끝내 그를 정독하지 못한 것이다
거기 온화로이 존재함으로 나를 온전케 하였느니
읽느니 보다 쬐는 편이 나았던 아버지라는 권장도서
평생 밝혀줄 것 같던 그가 영구히 꺼진 후
서늘해진 내 청춘을 추스르며 알았다
참으로 따사로웠던 그는 한 권의 경전
끝내 완독하지 못하고 하늘에 반납된 미소
오래토록 사라지지 않는 고전의 향기임을

자화상

한 때 나는 일간지로 발행되기를 열망했다
새로운 반전이 되고 오늘의 운세가 되고
당대에 회자되는 특종의 꿈을 잉태한 것이다
하지만 누구도 나를 구독하지 않는다는 걸 알았다
그들에게 나는 지나간 서정抒情이고
한 풀 꺽인 시대의 금기어이고
케케묵은 혁명의 원조라는 걸

어느 때인가는 칼이라고 호언했다
닥치는 대로 잘라 버리겠노라
하지만 곧 알게 되었다
이가 빠진 나는 그들이 두려울 만큼 벼리지 않는다는 걸

또 어떤 날은 수심 깊은 가방으로, 혹은 어깨 넓은 그릇으로
이웃과 형제들 포용하길 바랐다
하지만 누구도 담을 수 없다는 걸 알았다
비관의 구멍이 숭숭 뚫린 내게 수용되길 꺼린다는 걸

〉

의자가 되려는 꿈을 가진 적도 있었다
직립의 꼿꼿한 생生을 누려온 나는 곧
온전한 다리가 두 개뿐이란 걸 알았다
산새도 호랑나비도 풀씨도 나를 앉지 않더라니

한 때는 사방을 탐닉하는 둥근 공이었으면 했다
어찌된 일인지 경기장 밖으로 내던져지곤 했다
오래전부터 눈물이 누수 되고 있었다는
절반의 슬픔이 빠진 나는 뻥 차더라도
더 이상 하프라인을 넘지 못한다는 걸
주목할 만한 그들의 파격이 나를 분석해버린 터였다

누구도 진부한 나로 대체되기를 거부했다
줄곧 나를 천착해온 창공의 까마귀와 밤하늘의 별들이
머리카락 한 올까지 헤아리고 있다는 것
그러니 더 이상 나는 표절될 수 없다는 것

평생 나인 줄 알고 끌고 온 나는
사실은 어느 전생의 후기라는 것이다
나는 여태껏 부록에 머무르고 있다는
새 본문은 아직 전개되고 있지 않았다는
때로는 생시 같기도 때로는 꿈같기도 한

이 모든 걸
무디어진 나만 오르고 있더라는

과적위반

검진센타를 내원한 날
혈류을 파손하는 주범이 적발되었다
추락한 시력을 들여다본 젊은 의사가
평생 볼모로 나포된 거라며 휘슬을 분다

백년도 미치지 못할 주행거리
천년을 운행할 듯 적재함을 채웠다
하중을 견디지 못한 혈당 수치가 널뛰기 한다
경고등을 무시하고 방임하는 사이
온몸에 잠입한 것인가
정직한 몸이 미리 전파했을 빨간불
통장 액면에 흐려진 시야가
체적량을 초과하였던 것

채혈을 시도하는데 통로가 막혀 있다
유유자적이 진입로를 찾지 못한 것
마음을 비우라는 처방이다
전신에 만차된 허식과 휴경지를 뒤덮은 위선의 잡초

마음과 결탁한 저 무거운 화물들
하차시키기 쉽지 않은 일인데

발부한 진단서는 백기처럼 펄럭이고

길

향기에게는 바람이 길이다
고난은 시간을 밟으며 멀어진다
4월로 가는 길목은 막혀 있다
나무에게는 하늘이 길이다
허공을 밟고 떠나는 가지들
노모에게는 기도가 길이다
어둠을 몰고 새벽을 건너는 음성
풀벌레의 길은 가을이다
울음을 밟을수록 다져지는 계절
만년필에게는 종이가 길이다
슬픔에게는 눈물이 길이다
우리에게는 그리움이 길이고
나에게는 당신이 막다른 길이다

발견

빗방울이 구름 속에서 뛰어내린다
수평선 너머로 해가 뛰어내린다
꽃잎 속에서 향기가 뛰쳐나온다
지상의 창을 향해 몸을 던지는 별빛
중력의 지팡이를 짚고 허공을 건너는 홍시
가지 끝에 다다른 잎사귀가 가을 앞으로 뛰어내린다
훌러덩 단풍을 벗어던지고 겨울 앞에 선 나목들
시간을 하차시키고 폐차장에 드러누운 중고차들
반송 우편함에 틀어박혀 체납고지서가 연락두절되다
벌레에 따먹히고 비바람에 차여 치마가 벗겨진 낙과
창 아래 소리를 상속하고 숲으로 떠난 풀벌레들
눈물 속으로 뛰어드는 슬픔
희망을 앞지르기 하려는 절망
고통을 등지고 배수진을 치는 한자락 미소
한 때의 통증을 추억으로 품고, 상처들이 곱게 늙어간다
골목에 터지는 꼬맹이 울음보에 흠칫 놀란 저녁노을
빨간 투쟁을 낙관으로 찍은 농민회 현수막이 신음 중이다

손자

손잡고 마실 가던
네살배기 손자가 물었습니다

할아버지,
할아버지의 할아버지는 어디 계세요
응,
이 할애비가 두어살 때 돌아가셨단다

그 말을 듣고 난 손자,
대뜸 손나팔을 만들어
하늘을 향해 외쳐대는 것이었습니다
-할아버지!
-할아버지!

어린 종소리가 온 우주에 퍼지고
별빛이 밤새 글썽거리며 쏟아졌습니다

|해설|

지평선에 노을 지면 밥 짓는 연기 피어오르고

—지평선시동인들의 시

김영덕 | 문학평론가

1.

서포 김만중의 소설 『구운몽』에는 주인공 양소유가 입신양명의 뜻을 품고 나귀 타고 과거시험 보러 장안으로 가는 길에 낙양 땅에서 우연히 시회에 참석했다가 재색을 겸비한 기생 계섬월을 만나 하룻밤 인연을 맺는 장면이 나온다. 중국 8대 고도인 하남성 낙양은 드넓은 벌판과 곡장으로 이름난 곳이다. 북쪽 십리길에는 북망산도 있다. '낙양성 십리허에 높고 낮은 저 무덤은/영웅호걸이 몇몇이며 절세가인이 그 누구냐/우리네 인생 한 번 가면/저기 저 모양 될

터이니'로 시작되는 우리 민요 「성주풀이」에 나오는 바로 그곳이다. 낙양은 두보, 이백과 함께 당대를 대표하는 3대 시인 중 한 사람인 백거이의 고향이기도 하다.

김제는 낙양의 한국 버전이다. 김제의 가없는 들판을 붉게 물들이며 지평선을 장엄하게 넘어가는 석양을 보지 않고 고단한 삶의 진실이니 부평초 같은 인생의 덧없음이니 논하지 말 일이다. 장강의 뒷 물결은 앞 물결을 밀어내고 살아있는 모든 것은 끝을 향해 간다고 했다. 삶은 죽음이 있어 아름답다고도 했다. '인생이란 탄생과 죽음 사이의 선택' (장 폴 사르트르)일 뿐이라고도 했다. 광대무변의 김제 평야에서는 거리개념도 달라야 한다. '가을이 눈앞에 다가왔다'를 영어로 말하라고 한다면 십중팔구 'Autumn is just around the corner'라고 하는데, 김제에서 길을 안내할 때 저 (산)모퉁이를 돌아가면 바로 나온다는 식으로 말하면 허방만 짚는다. 가까운 모퉁이가 도대체 눈에 보이지 않는 경우가 많기 때문이다. 차라리 따끈한 차 한 잔 마실 시간이면 닿을 수 있다든가, 밥 한 끼 지어먹을 시간이면 된다는 식의 '시간개념'으로 말하는 게 낫다. 김제는 사방이 지평선이다. 김제에 가서는 어쭙잖게 축지법 자랑도 하지 말 일이다.

생산규모가 확대되면 될수록 추가적인 생산비용이 줄어들어 더욱 경제적이게 된다는 이른바 '규모의 경제'가 실현되기 시작하면 부가 집중된다. 삼국시대 이후 이 땅의 풍운 아들이 곡창지대인 이곳 김제 민경평야를 손에 넣지 않고 나라의 통일을 꿈꿀 수는 없었을 것이다. 옛날 삼남 지방의 곡창에서 조달(수탈?)한 곡식을 가득 싣고 출발한 수많은 세곡선이 목적지인 개경이나 한성으로 가는 도중 물살이 세고 지형이 험한 인천 서북부 해안에서 그만 좌초되는 경우가 많았다. 그 중에는 해적이나 연안의 비적들에게 습격을 당했거나, 선원들이 지방의 탐관오리들과 짜고 곡식을 빼돌린 후 배를 불태운 경우도 적지 않았을 것이다. 인천에는 난파선에 관하여 전해지는 얘기가 많다. 임꺽정이 소싯적에 검술을 배웠다던 계양산 자락의 서쪽에 '만일사'라는 사찰이 있었다. 그런데 좌초된 세곡선 선원들이 핑계 대기를 석양 무렵 바다에 만일사 그림자가 비치면 배가 가라앉는다는 거짓 고변을 자주 했다고 한다. 나라에서도 누군가에게는 책임을 물어야 했기에 유서 깊은 그 사찰은 결국 불태워지고 말았다.

2.

이 땅의 대표적 곡창인 김제 만경 드넓은 벌판에서 나고 자란 시인들의 절창이 한데 모였다. 어린 날 검정 고무신 신고 마을 고샅길 지나 개울 건너 논둑길을 따라 학교를 오가며 체득하기 시작했던 삶의 진실은 세월이 가면서 더욱 옹골차게 여물었다. 사람은 환경의 지배를 받는다. 김제 출신 시인들에게는 가없는 지평선만큼이나 깊이를 알 수 없는 시적 자아의 심연이 존재한다. 국토의 70퍼센트가 산지인 이 땅에서 이렇게 넓은 지평horizon의 존재는 차라리 환타지다.

> 언제여, 마른 꿈을 접어 날렸던 종이비행기는 농약 먹은 풀밭에
> 지금은 어떤 자세로 뒤집혀져 있는지 모르더라도
> 맑고 찬 하늘 부셔 오히려 눈물 나고, 흰 두루미 앉았다 뜨던
> 벌판은 벗어나야 비로소 벌판이겠지
> (중략)
> '꾸욱 다문 입, 생략된 부분이 더 절창일 것이며
> 우리 삶은 한판 꿈이거나, 연극 같지 않던가요
> 산다는 건 새끼를 꼬듯 제 갈길 꾸불구불 꼬아가듯
> (중략)
> 백학, 한 모금의 물로 가슴을 적시자마자
> 긴 목과 다리를 일직선으로 비틀어 짜고, 날아가던 날아가던
>
> 김제, 눈 속에 남은 물기들을 골고루 골라주던 트럭과 먼지의 나날'
>
> —서규정, 「김제」 부분

서규정의 이 시에는 '마른 꿈을 접어 날렸던 종이비행기'와 '벌판', '배우가 되겠다고 노을에 물든 마을을 떠난 푼수', '미군 무릎 위에 인형처럼 떠가던 양공주', '젊은 피를 팔러 가던 월남전', '지글지글 끓던 라디오와 흑백TV', '트럭과

민지'가 적막하게 흐르는 이미지로 나열된다. 하나같이 김제의 근현대사를 직관으로 보여주는 소품들이다. 산업화 이후, 삶이 더욱 피폐해지면서 젊은이들이 떠난 시인의 고향 마을 현실을 그렸다. 사실 우리나라가 과거처럼 '농자천하지대본'의 사회였다면 김제는 지금쯤 당연히 부촌의 반열에 오르며, 주민들은 더욱 윤택한 삶을 이어갈 수도 있었을 것이다. 그러나 재주는 곰이 부리고 돈은 떼놈이 번다는 말처럼, 이 땅의 산업화는 철저하게 농가의 희생을 바탕으로 이루어졌다. 이 시는 살기 위해 또는 신기루를 찾아서 도시로, 월남으로 떠난 동네 형, 누나, 꼴망태 친구와 동생들의 이야기인 동시에 시인 자신의 이야기이며, 우리 모두의 이야기이다.

동네 방죽 근처 외딴집 달용이 형
어둔 눈 어머니 몰래 꺼낸 달걀 들고
어린 날 침으로 번질거리는 점방을 잘도 드나들었다
헛기침이 닿지 않는 은밀한 곳, 더 밝게 빛나던
금관 한 개비
박하향 뭉게구름 뿜던 그 콧구멍으로
걸핏하면 십 원짜리 동전도 들락거렸다
비장하기까지 한 기술에 동네 조무래기들
충성을 맹세하지 않을 수 없었다

때를 기다리며 짧은 목 꺾어대던 달용이 형

때가 되기도 전 말라 버린 방죽 떠나
어느 궁창을 해매다
득도했는지

오토바이 마후라 목탁처럼 떽 두 두두
장삼자락 사이로 닭터럭 날리며
용트림 한다
(중략)
우리 동네 달용이 형, 용 됐다

—배귀선, 「이무기」 부분

어릴 적 어느 마을이든 또래들보다 서너 살 위의 '짱'인 동네 형 한 명씩은 꼭 있었다. 조무래기들의 심리를 누구보다도 잘 아는 이들 '동네 형'은 동생들(?) 다루는 솜씨가 보통이 아니었다. 다소 위악적인 불량기도 있는 이들은 호기심 많은 사춘기 직전의 소년들에게 무한한 환상을 심어주던 우상이었지만, 어른들이 한사코 숨기고 싶어하는 음습한 비밀의 세계를 마구 폭로하는 위험인물이기도 했다. 아이들은 그 형에게 기꺼이 코 묻은 돈 저금도 했고, 동네 후미진 다리 밑에서 콜록콜록 진저리를 쳐가며 꽁초를 빨고 뻐끔담배도 배웠다. 가끔은 여자에 관한 서툰 일장연설을 침을 꼴깍 삼키며 듣기도 했다. 아이들은 그 형의 개똥철학을 들으며 시나브로 변성기를 넘기고 머리가 굵어져갔다. 그런데 어느 날 한동안 보이지 않던 '달용이'형이 금의환향했다. 배귀선의 이 시에는 도시에 나가 어떻게 성공했는지 멋진 오토바이를 몰고 나타난 '용된 이무기' 달용이 형과 그를 둘러싼 동네 아이들의 감탄해하는 모습이 리얼하고 코믹하게 그려졌다. 달용이 형이 마치 '석양의 무법자'처럼 긴 그림자를 드리우며 지평선 방죽 위에 오토바이를 세우고 껌을 질겅질겅 씹으면서 '인생 뭐 있어?'라며 시크하게 웃는 모습이 눈에 선하다. 동네 아이들은 정말이지 이 대목에서 달용이 형에게 다시 한 번 충성을 맹세하지 않을 수 없었을 것이다. 하긴 오토바이는 지금도 모든 남자들의 로망이다. 좌충우돌 '달용이' 형의 흥미진진한 도시 무용담이 궁금해진다. 물론 대부분 뻥이겠지만.

칙간이라고 불렸던 재래식 변소를 다니다보면
가끔은 똥도 밟고 오줌도 밟고 구데기도 밟는다.
낮은 지붕 밑으로 잿간도 함께 붙어 있었는데
(중략)
아버지 몰래 뒤안으로 가 까먹는 재미는
오줌 냄새도 똥냄새도 구데기도 별 것이 아니었다.
(중략)
나는 무럭무럭 자라 장닭 같은 어른이 되었다.
그러니 오늘 재래식 변소같은 세상을 거닐면서
똥도 밟고 오줌도 밟고 구데기도 밟긴 하지만
그것이 모조리 살이 되고 피가 되리라 되리라
나도 그들에게 혹간은 똥도 되고 오줌도 되고

구데기도 되면서 보양재 챙겨 주리라 주리라.
똥도 아니고 오줌도 아니고 구데기도 아니면
어디 가서 뜨끈뜨끈한 날계란 훔쳐먹으랴 먹으랴.

—장종권, 「칙간의 보양재」 일부

재래식 변소는 우리들의 먼 조상이 거친 산하를 떠돌며 수렵과 채집으로 일용할 양식을 구하던 고단한 생활을 청산하고 농경을 시작하며 정착했던 신석기시대 이후 그 모습에 큰 변화가 없었을 것이다. 분뇨는 퇴비나 재와 함께 훌륭한 거름이었으니 일종의 유기농법의 중심이었던 셈이다. 그 시절에는 생활쓰레기라는 개념조차 없었다. 모든 것이 철저히 리사이클링(순환)되었으니까. 사실 우리나라에서 수세식 화장실이 보편화된 것은 70년대 이후라고 봐도 무방하다. 물에 녹는 화장지toilet paper의 개발, 보급과 궤를 같이 한다.

무릇 아름다운 것과 추한 것은 함께 있기 마련이다. 동전의 양면이다. 아름다운 것이 사실은 추한 것일 수 있고, 추한 것이 사실은 더 아름다운 것일 수도 있다. 이 땅의 재래식 화장실 모습이 이 시에 잘 그려져 있지만, 지금도 중국에는 공중화장실에도 칸막이가 없으며, 인도에 가면 가정집이나 모텔은 물론, 대도시 고급호텔의 화장실에도 양변기 옆에 수도꼭지와 작은 바가지가 비치되어 있는 것을 볼 수 있다. 화장지를 쓰지 않고 용변을 보고 왼손으로 처리하는 그 나라의 재래식 화장실 문화가 얼마나 뿌리 깊은지를 알 수 있다.

이 시의 시적 화자는 '아버지가 좋은 거름 만들려고 똥오줌 뒤섞어놓은/잿더미에 빠지며 헤치며' '암탉이 낳은 뜨끈뜨끈한' 계란을 '아버지 몰래 꺼내들고 뒤안으로 가 까먹는 재미는/오줌 냄새도 똥냄새도 구데기도 별 것이 아니었다'고 했다. 일찍부터 만만치 않은 삶의 무게를 체험하며 '나는 무럭무럭 자라 장닭 같은 어른이 되었다'고 말했다. 오늘도 이 땅에서 고단한 삶을 영위해나가는 키 작은 이웃들에 대한 연서이자, '오늘 재래식 변소 같은 세상'에서 혼자 깨끗한 척, 고고한 척은 다하면서 보이지 않는 곳에서는 온갖 추한 짓만 골라서 하는, 위선이 판치는 세상에 대한 시인의 일갈이다.

새들이 왔다.

막 동남아순회공연을 마치고 돌아온 가수의
쉰 목처럼
아이들을 불러들이며 저무는 어미의 목소리처럼

직년에 흘렸던 울음통 다시 지고
한쪽 어깨가 느슨해질 때마다
한 방울씩 떨어뜨려 간격을 조이며

공중에 긋는 한 줄의 밑줄…… 기러기 떼가 왔다.

〉

나는 돌아오지 못한다, 떠난 적이 없으므로

무리 지을 줄 모르므로
저 밑줄 위에 울음을 적지 못하고
그 줄 끌어내려 저무는 이 들판
봉하는데 쓸 뿐

—김유석, 「심일월」 전문

한 철 농사가 마무리되어 추수도 끝난 십일월, 허허로운 김제 들판의 정경이 눈에 선하다. 요즘은 자녀에 대한 과보호가 문제가 되고 있지만, 하루 종일 종종걸음으로 고단한 삶을 근근이 이어나가던 옛날 어머니들은 자녀들을 방목했다. 해질녘 낮은 굴뚝에 저녁연기 피어오르면 병아리 품기 시작하는 씨암탉처럼 마을 여기저기 밥 먹으라고 아이들 불러드리는 엄마들의 목소리가 간절했다. 기러기는 겨울 철새다. 자유로운 영혼이다. '노마드'다. 몽골고원과 시베리아 벌판에서 번식하고 살다가 가을에 한반도로 남하하여 겨울을 보내고 다시 돌아간다. 작년에 왔던 그 새들이 또 왔다. 새들과는 대조적으로 농경문화 속에서 정주생활을 하는 시인은 '한 철 머물다 뜨질 못한다.' 고향을 지키며 외롭게 농사를 짓는 농부가 아니면 끌어내기 어려운 아름다운 늦가을의 시징이다.

> 보라, 서쪽 산꼭대기에 걸려 있는 저 황금빛 복 주머니를
>
> 절정에 잠시 머물다 체념하듯 부드럽게 미끄러지는 저 태양은
> 오오오오오오옴 오옹오오오오옴
> 황금빛 오르가즘을 천지에 슬슬 풀어 놓는다
> (중략)
> 살아있는 모든 것은 주름을 가졌다
> 주름 사이로 사랑을 넌지시 비밀을 간직한다
> (중략)
> 올라가는 자 모두 초월을 꿈꾸지만
> 내려오는 자는 경계를 넘나드는 황홀한
> 포월의 블루스를 춘다
>
> 아름다움은 입술 꾹 다문 두 겹의 비밀 사이에서 피어난다
>
> —이인순, 「황홀한 블루스」부분

김제의 지평선은 초월을 꿈꾸지만, 내려오는 태양은 경계를 넘나드는 황홀한 포월의 블루스를 춘다. 모든 것을 품으며 넘어간다. 시인은 김제의 장엄한 일몰 풍경을 서쪽 산꼭대기에 걸려있는 황금빛 복주머니가, 태양이 지평선과 교합하면서 쏟아내는 절정의 '황금빛 오르가즘'으로 묘사했다. 장중한 아름다움으로 승화시켰다. '오오오오오오옴 오옹오

오오오옴'. 시각을 압도하며 천지에 풀려나가는 노을 풍경을 지축을 뒤흔드는 깊은 신음소리라는 청각적 이미지로 치환했다. 에로티시즘의 새로운 지평이다. 태양과 대지가 알몸으로 뒤엉켜 블루스 춤을 춘다. 지구라는 틀에서 벗어난 시인의 우주적 상상력이 단연 돋보인다.

이 시는 강우식 시인의 연작장시집『마추픽추』의 한 대목을 환기시키기도 한다. '태양은 뜨거운 피로 들끓는 용광로/따뜻한 피로 충만한 자궁이다./만물은 그 피의 빛을 받으며 자란다./인간도 태양의 혈류를 받은 자손이다./피의 시작도 끝도 없는 흐름이 이어지는 강을/인간은 누구나 가지고 죽을 때까지 산다.'

3.

밥은?
살점 발라 얹어주듯 건네는 그 말
생일상이나 받은 듯이
안 먹어도 배가 부르네
밥이나 먹고 다니냐?
겸상하자 건네는 한 마디에
부뚜막에 걸쳐
맨밥 한 술 우겨넣은 듯이
울컥 목에 메네

(중략)
밥 한 번 먹자,
그 말 채 끝나기도 전에
뼛속까지 든든해지네
뚝배기 속 찌개국물 함께 떠먹으며
말도 섞고 마음도 섞자는 그 말
찬밥 같은 내 몸에

—안성덕, 「밥 한 번 먹자는 말」부분

어느 나라든 주식main dish과 부식, 반찬side dish은 구분되어 있기 마련이지만, 우리나라에서처럼 주식인 '밥'의 비중이 압도적으로 큰 경우도 흔치 않다. 요즘은 약간의 변화가 감지되지만, 밥과 김치를 빼면 식단 자체가 무의미해질 정도다. 오죽하면 백여 년 전에 태어났던 김일성 주석이 생전에 '우리 인민의 최대의 민족적 숙원인 비단옷을 입고 기와집에서 이밥에 고깃국을 먹이겠다.'고 줄곧 다짐했겠는가. 모르긴 해도 그의 진심이었을 것이다. 이승만 대통령이 흉년에 쌀이 모자란다고 하자 '왜 고기는 안 먹고 쌀만 먹으려고 하느냐?'고 말한 것도 일제강점기 해외로 떠돌았던 그의 진심이었겠듯이.

적과의 동침은 사실 불가능하다. 칼을 품은 상대와 함께 밥을 먹을 수는 없는 일이다.. '밥 한 번 먹자는 말'은 적개심을 내려놓고 '말도 섞고 마음도 섞자는 그 말'이다. 상대의 입장에 공감하고 위로하며 가진 것을 나눌 준비까지 되어 있다는 다정다감한 말이다. 그 말 한마디에 온몸이 따뜻해지고 콧마루가 시큰해지며, '울컥 목이 메'기도 한다. '살점 발라 얹어주듯', '부뚜막에 걸쳐/맨밥 한 술 우겨넣은 듯이', '찬밥 같은 내 몸에/다습게 피를 돌리네'같은 묘사가 감칠맛 난다.

난 뿌리 하나가
화분 밖으로 뻗고 있어
개미농원에 들고 가
조금 더 큰 화분으로
분갈이를 청했더니
꽃을 보려면 놔두라 한다
비좁아서
살아보겠다 그러는 거라고
뿌리에 신경 쓰면
꽃 피우지 않을 거라고

—신정민, 「헝그리 복서」 전문

'No pains, no gains.' 고통 없이는 얻는 것도 없다는 서양 속담이다. 살아있는 모든 것은 경쟁을 피할 도리가 없다. '늑대와 어린 양이 함께 풀을 뜯고 사자가 소처럼 여물을 먹으며 뱀이 흙을 먹고' 사는 세상은 존재하지 않는다. 어른들을 위한 동화 속이라면 몰라도. 공연히 생태계만 교란시

킬 뿐이다. 복싱이나 이종격투기는 사각의 링에서 상대를 쓰러뜨려야 끝이 난다. 상대가 쓰러지지 않으면 내가 쓰러져야 한다. 적자생존이다. 다른 방법은 없다. 취미로 하는 아마추어 복싱 말고 애초에 배불렀던 프로복싱 챔피언 본 적이 있는가? 고통스런 단련이 없이는 원하는 것을 이룰 수 없다는 게 자연의 이치이자 삶의 이치이다. 난도 마찬가지다.

지금은 낡은 금성아파트
가끔 베란다에서 떨어지는 한가로운
낯익은 얼굴들

일찍이 나의 탄생과 첫울음 소리도
지켜보고 들어왔을 몇몇 얼굴들

일제히 두려운 표정으로
얼어붙으리라는 걸 나는 알지 못했다

(중략)

그늘진 담벼락을 더욱 짙은 그림자 찍으며
긴 시간 속으로 이어지는 그 길 오가면서도
나는 그 길이 나의 마지막 순간을 위해
누워 있다는 걸 몰랐다.

〉

길 어느 모퉁이엔가
유년의 책가방을 멘 내 모습이 희끗희끗 보이고
고등학교 푸른 제복, 떨리는 욕망에
잠 못 이루고 서성이던 발길

세상에 치어 비틀거리는 발길들, 시간들이
차곡차곡 수 만 겹으로 쌓여가는 데도

내 주검이 어느 겹 속엔가
드러누워 있으리란 걸 몰랐다

겹겹이 쌓인 시간의 틈새로
바람이 넘싯넘싯 지나다니던 어느 날
아파트 낡은 창문에서

마침내 비명 소리 들려 오고
그 길바닥에 내 주검이 으깨어진 채 드러눕고
피가 홍건하게 번져도 나는 몰랐다, 나의 죽음을

나는 내가 죽은 줄도 모르고
죽음 위로 벌떡 일어나
여전히 짙은 그림자를 드리우며
그 길로 지나다녔고
지금도 낡은 아파트 현관문을

드나들고 있나

—장경기, 「금성아파트」 부분

임사체험이 떠오른다. 언젠가 어느 행사에선가 나는 기꺼이 죽음을 경험하는 데 동의했다. 관 속에 드러눕자 이내 관 뚜껑이 닫혔다. 뚜껑을 쾅쾅 못질하는 소리가 귀를 때렸다. 칠흑 같은 어둠이 관 속을 가득 채웠다. 사위가 고요해졌다. 이윽고 나는 내 삶의 '어느 겹 속'으로 미끄러지듯 빨려 들어갔다. 저승길 같았는데, 어디서 본 듯한 얼굴들이 지나가면서 말을 걸어왔다. 그러나 내 대답을 기다리지는 않았다. 하나같이 얼굴에 수심이 가득했다. 시간의 연결고리 같은 것은 깡그리 무시되고 없었다. 어떻게 보면 뒤죽박죽이었다. 순간만이 있었다. 오래 전 돌아가신 내 외조부가 건넌방 어둠 속에서 '이리 오너라' 하고 부르셨다. 나는 다섯 살 때처럼 무서워서 진저리를 쳤다. 외갓집 마루 위에 펼쳐졌던 모기장을 벗어나 마루 밑으로 굴러 떨어졌다. 군복무시 전방에서 대인지뢰 밟고 순식간에 죽은 동료의 편안한 얼굴이 지나갔다. 날아간 사지를 봉합하고 치른 영결식에서 몸부림치던 그의 만삭이 된 약혼녀가 보였다.

시의 화자speaker는 무의식 속을 여행하는 중이다. 사유는 자유롭다. 그에게 삶과 죽음은 다만 한 통속이다. 같은 차원에 있다. 화자는 오늘도 '나는 내가 죽은 줄도 모르고/죽음 위로 벌떡 일어나/여전히 짙은 그림자를 드리우며/그 길로 지나다'닌다고 했다. 지구라는 이 외로운 행성 '금성아파트'에 세 들어 살았던 시인의 이야기이자 '그늘진 담벼락을 더욱 짙은 그림자 찍으며/긴 시간 속으로 이어지는 그 길 오가'던 우리 모두의 이야기이다.

검진센터를 내원한 날
혈류를 파손하는 주범이 적발되었다
추락한 시력을 들여다본 젊은 의사가
평생 볼모로 나포된 거라며 휘슬을 분다

백년도 미치지 못할 주행거리
천년을 운행할 듯 적재함을 채웠다
하중을 견디지 못한 혈당 수치가 널뛰기 한다
경고등을 무시하고 방임하는 사이
온몸에 잠입한 것인가
정직한 몸이 미리 전파했을 빨간불
통장 액면에 흐려진 시야가
체적량을 초과하였던 것

채혈을 시도하는데 통로가 막혀 있다
유유자적이 진입로를 찾지 못한 것
마음을 비우라는 처방이다
전신에 만차된 허식과 휴경지를 뒤덮은 위선의 잡초

마음과 결탁한 저 무거운 화물들
하차시키기 쉽지 않은 일인데

발부한 진단서는 백기처럼 펄럭이고

—조재형, 「과적위반」 전문

건강검진 받는 날 아무렇지도 않은 대인배 몇이나 될까? 평소 경험했던 작은 신체적 이상들이 스스로를 학대했던 모습들과 뒤섞이며 마구 떠오른다. 암은 말할 것도 없고 성인병 진단이라도 나오면 '평생을 볼모로 나포된 거'나 마찬가지다. 속수무책이다. '백년도 미치지 못할 주행거리/천년을 운행할 듯 적재함을 채웠'으니 자업자득이다. 그럼에도 불구하고 '전신에 만차된 허식과 휴경지를 뒤덮은 위선의 잡초/마음과 결탁한 저 무거운 화물들/하차시키기 쉽지 않은 일'이다. 그러나 어쩌랴 '발부한 진단서는 백기처럼 펄럭'이는데, 항복문서에 조인할 수밖에.